Bürger-
Park
Holler See
Park-Bahnhof
Haupt-Bahnhof
Nordd. Lloyd Gepäck-Abf.
Stadtgraben
W e s e r
Kleine Weser
Kleine
Ebbe
Flut
Seperationswerk
Hohentors Hafen
Brauerei
Friedhof
Bayern-Str.
Utbremer Ring
Utbremer
Regensburger Str.
Parallelweg
Bismarck
Humboldt
Holler Allee
Ausser der Schleifmühle
Am Wall
Steinweg
Teerhof
Deich
Grünen Str.
Johannis-Str.
Neustadt
Contrescarpe
Wall
Werder Str.
Deich Schart
Gasthof
Güterbahnhof Bremen-Neustadt
Am Gaswerk
Bolivar-Str.
Simon
Hohentor
Lahn
Sport- u. Spielplatz
Neuenlander
Graf
Uhland-Str.
Roon-Str.
Schwachhauser
Park-Allee
Findorff
Allee
Hafen
Sonnen Str.
Ostertor
Osterdeich
Proj. Sielwall
Reede
Rhein-Str.
Ring
Kastanien
Münchener
Gothaer
Hafer-Kamp
Landwehr
Deich-Str.
Stephani
Zollamt
Pump Werk
Weide

Cecilie Eckler-von Gleich

Vom Freihafen zur Überseestadt

Edition Temmen

Impressum

Die Deutsche Bibliothek verzeichnet diese Publikation in der Deutschen Nationalbibliografie; detaillierte bibliografische Daten sind im Internet unter http://dnb.ddb.de abrufbar.

Hohenlohestr. 21 – 28209 Bremen
Tel.: 0421–34843-0 | 0421–348094
info@edition-temmen.de
www.edition-temmen.de

Printed in the EU.

Gestaltung: Blaukontor für Gestaltung GmbH, Bremen

ISBN 978-3-8378-1055-4

VORWORT

In diesem Bildband geht es um 130 Jahre **Strukturwandel und Stadtentwicklung** – vom Bau der Freihäfen bis zur Zuschüttung des Überseehafens, von der Ankunft des ersten Containers bis zur Entwicklung der Überseestadt.

130 Jahre ist kein besonders langer Zeitraum, tatsächlich ist jedoch in diesen Jahren viel passiert. Die Industrialisierung brachte tiefgreifende Veränderungen, zwei Weltkriege haben das 20. Jahrhundert geprägt, und heute steht die Welt mit einer umfassenden Globalisierung und Digitalisierung vor neuen Herausforderungen. Die historischen Rahmenbedingungen können in diesem Band nur am Rande thematisiert werden. Doch gibt es zur bremischen Hafengeschichte eine Vielzahl von Publikationen, hier muss das Rad nicht neu erfunden werden. In dem vorliegenden Band wird auf den Strukturwandel fokussiert, deshalb sind historische Entwicklungen, Umbrüche und Zäsuren von Bedeutung. Mit Blick auf die heutige Überseestadt, die mit ihren 300 ha drei Mal so groß wie die Bremer Innenstadt ist und zu den größten Stadtentwicklungsgebieten Europas gehört, gehen wir zurück in die Geschichte.

Und dabei sind Bilder ganz zentral, sind sie doch Träger von Erinnerungen oder lassen uns Orte wieder erkennen oder auch vermissen. Tatsächlich gibt es immer weniger Zeitzeugen, die die Jahre bis 1945 und darüber hinaus selbst noch erlebt haben. Deshalb arbeitet dieser Band an vielen Stellen mit historischen Aufnahmen in Gegenüberstellung zur heutigen Situation.

Auch wenn in dem hier vorgelegten Bildband die Strukturentwicklung im Mittelpunkt steht und den ‚roten Faden' ausmacht, so sollen doch Aufnahmen von Hafenarbeit und das ‚Schiffe gucken' nicht zu kurz kommen.

Zollunion und Industrialisierung

Das Jahr 1888 steht mit der **Eröffnung des Freihafen I** (dem späteren Europahafen) für den Beitritt Bremens und weiterer Hansestädte zum Deutschen Zollverein. Mit diesem Beitritt und der gleichzeitigen Bildung einer Freihandelszone waren wichtige wirtschaftliche Vorteile verbunden. Das Freihafengebiet war Zollausland, d.h. hier konnten die Waren zollfrei gelagert werden. Bremen entwickelte mit diesem Hafen eine neue Form des Warenumschlags, die als **Bremer System** bekannt wurde: Direkt am Freihafenbecken verliefen die Gleisanlagen, dann kamen flache Schuppen für eine kurzfristige, dahinter Speicher für eine längerfristige Lagerung. Zwischen Schuppen und Speicher verliefen ebenfalls Gleise. Ein Zollzaun umgrenzte das gesamte Hafengebiet und erst beim Überschreiten dieser Grenze mussten die Waren verzollt werden. Nicht nur die unmittelbare Nähe von Umschlag und Lagerung war ein großer Vorteil, auch die optimale Gleisanbindung, die nur wenige Handelshäfen damals vorweisen konnten. Hiermit wurde in den darauffolgenden Jahren eine sprunghafte industrielle Entwicklung eingeleitet.

Die Weservertiefung und ‚Weserkorrektion', für die Ludwig Franzius der Ideengeber war, waren Voraussetzung für die Anlegung des stadtnahen Seehafengebiets. Zu diesem Zweck erwarb die Stadt große Ländereien von der Stephanigemeinde (Stephanikirchenweide) und den Waller Großbauern (Waller Wied, Waller Gemeinheit).

Nach der Eröffnung des Freihafens I wurde das zweite Hafenbecken, der Holz- und Fabrikenhafen, für die verarbeitende Industrie außerhalb der zollfreien Grenze angelegt. Er war um 1900 fertig gestellt. Hier siedelten sich Unternehmen wie die Großmühlen ‚Hansa' und ‚Roland', die Ölfabrik Großgerau, die Besigheimer Ölfabriken und Kaffee HAG an. An der Nordstraße hatte bereits 1888 zeitgleich mit der Inbetriebnahme des Freihafens I die Jute Spinnerei und Weberei AG als eines der größten Industrieunternehmen Bremens ihre Produktion aufgenommen. Danach wurde innerhalb des zollfreien Gebiets mit den Arbeiten an einem dritten Hafenbecken, dem Freihafen II (Überseehafen) begonnen, der 1906 eröffnet werden konnte.

Hafen und Wohnen

Die Nachfrage nach Arbeitskräften stieg mit diesem Industrialisierungsschub enorm an. Um die Jahrhundertwende entstanden innerhalb von 20 Jahren zahlreiche neue Straßenzüge und Siedlungen. Schon 1888 wurde vom Gemeinnützigen Bremer Bauverein mit dem **Bau des Wiedviertels** direkt neben dem Jute-Gelände begonnen. So wuchsen das ehemalige Dorf Walle, Utbremen und die Doventorsvorstadt zu einem großen Wohngebiet zusammen. Rund um die Häfen, direkt hinter dem Zollzaun, wurde gewohnt und gearbeitet.

Die Muggenburg

Ein besonderes Wohn- und Arbeitsquartier war die **Muggenburg**. Der Name hat möglicherweise etwas mit der ‚Mugge' (= Mücke) zu tun und spielt damit auf die Nähe der alten Siedlung zum Wasser an. Die Geschichte dieses Quartiers wurde ausführlich in einem inzwischen leider vergriffenen Bildband (Die alten Hafenquartiere. »Alter Westen und Muggenburg 1860–1945, Edition Temmen 1999) beschrieben. Nicht zuletzt deshalb soll in diesem Band die Muggenburg noch einmal besonders erwähnt werden.

Schon auf historischen Plänen um 1800 erkennt man die Siedlung vor den Toren der Altstadt. Mitte des 19. Jahrhunderts. sind die Straßenzüge Beim Bindwams, Kleine Bleicherstraße, Fichtenstraße, Sandersdeich, Bei der Reeperbahn, Muggenburger Straße, Auf der Muggenburg, Sandberg, Stephanikirchenweide, Stephanitorsbollwerk, Fischersdeich und Kehrmannsdeich eingetragen. Schon früh war die Muggenburg für ihre Kalkbrennereien bekannt, die den begehrten Muschelkalk auch für die öffentlichen Bauten in der Stadt brannten. Die Nähe zur Stadt, zum Stephaniviertel und die Nähe zu den Gewerbeansiedlungen im Westen, wie der Reismühle Nielsen oder der Petroleumraffinerie Korff prägten das Viertel. Mit dem Bau des Freihafens wurde aus der Muggenburg eine Halbinsel, die noch vom Zollpfad durch einen Tunnel oder über die Stephanitors Contrescarpe mit dem übrigen Teil der westlichen Vorstadt verbunden war. Zwischen Hafen, Weser und Industrie, zwischen Packhäusern, Fuhrunternehmern, Kohlenhändlern und sogar Milchviehhaltung lebten die Muggenburger auf ihrer liebevoll ‚Pipe' genannten Halbinsel, auf der es alles gab, was sie zum Leben brauchten.

Es gibt wohl keinen vergleichbaren Ort in Bremen, an dem **Wohnen und Gewerbe** in einer solchen besonderen Struktur verbunden waren. Da alle Arbeiter auf ihrem Weg zur und von der Arbeit auf den Atlas-Werken (Norddeutsche Maschinen- und Armaturenfabrik) oder bei Nielsen durch die Muggenburg kamen, gab es in dem relativ kleinen Gebiet ca. 20 Gaststätten. Die Freizeit verbrachten die Muggenburger gern an der Weser. Im Sommer hatte man auf der Spitze seinen eigenen Badestrand, oder es ging mit dem Boot auf die andere Weserseite zur Timmendorfer Badeanstalt nach Pusdorf (Woltmerhausen) oder nach Lankenau. Heute erinnert nur noch der **Muggenburg-Bunker** an dieses frühere Quartier. Mit den vielversprechenden Plänen für eine Umnutzung des ehemaligen Kellogg-Geländes in der Überseestadt könnte an die Geschichte der Muggenburg wieder angeknüpft werden.

Rund um die Baumstraße

Aber nicht nur auf der Muggenburg wurde vor 1945 gewohnt, auch gleich gegenüber, auf der anderen Seite des Europahafens ungefähr zwischen dem Eduscho-Gelände und der Nordstraße wohnte man nicht nur proletarisch, sondern auch gut bürgerlich. Hier gab es Straßen mit kleinen Arbeiterhäusern, aber auch wohlhabendere Schichten waren in unmittelbarer Nähe zu Hause. Teile Utbremens waren nach der Reichsgründung 1871 im typischen Stil des mit Stuck verzierten Bremer Hauses bebaut worden, und so nannte man z.B. Bülowstraße und Bülowplatz auch das ‚Schwachhausen des Bremer Westens'. Im Zentrum des Viertels lag die Baumstraße, in der sich große Bürgerhäuser mit kleineren Geschäften und Gaststätten abwechselten. Im August 1944 wurde auch dieses Gebiet völlig zerstört. Heute gehört es ‚gefühlt' nicht unbedingt zur Überseestadt und führt eine Art Schattendasein als kleines Gewerbegebiet wie ein Hinterhof trotz zentraler Lage. Aber auch das kann für neue Entwicklungen Vorteile mit sich bringen: Nischen für KünstlerInnen und günstigere Mieten und damit etwas, was die Überseestadt heute kaum noch zu bieten hat.

Der 18./19. August 1944

Der 2. Weltkrieg veränderte das Gesicht insbesondere des Bremer Westens vollständig. Die Bombardierung auch gerade der Wohnquartiere sollte die Loyalität der Bevölkerung zum Hitlerfaschismus brechen. Bremen, für die Royal Airforce-Bomber strategisch günstig gelegen und eines der wichtigsten Rüstungszentren, wurde schon früh heftig attackiert. Insbesondere das Hafengebiet mit seinen Industrieanlagen, den Atlas-Werken und der Großwerft A.G. »Weser« waren schon ab 1942 Ziele alliierter Angriffe. Den schwersten Angriff erlebte Bremen aber erst in der Nacht vom **18. auf den 19. August 1944**. Ziel waren nun dichte Wohngebiete rund um die Häfen. Allein 150.000 Brandbomben gingen in dieser Nacht auf das Gebiet von Bahnhofsvorstadt, Stephaniviertel, Utbremen und westlicher Vorstadt nieder. Auch Findorff und Woltmershausen waren betroffen. Mehr als 1000 Tote und 25.000 zerstörte Wohnungen mit mehr als 50.000 Obdachlosen waren die Folgen dieses verheerenden Angriffs. Zwischen Brill und ungefähr der Grenzstraße bis zur Weser und den Freihäfen lag kaum ein Stein mehr auf dem anderen. Da auch Phosphorbomben abgeworfen wurden, entwickelte sich ein furchtbarer Feuersturm auf der ganzen Fläche.

Nachkriegszeit und Wiederaufbau

Am Kriegsende war die Stadt Bremen in großen Teilen nicht wieder zu erkennen. 57 % der gesamten Zerstörungen waren im Bremer Westen zu verzeichnen. Vor diesem Hintergrund war es bedeutsam, dass Bremen amerikanische Enklave wurde und von den US-Amerikanern zu ihrem zentralen Umschlagsort ausgebaut wurde. Tatsächlich war es segensreich, dass amerikanische Waren, nicht nur Care-Pakete, im sehr schnell wieder aufgebauten Überseehafen ankamen. Schon drei Jahre nach Kriegsende, 1948, wurden im Rahmen des von den USA aufgelegten **Marshall-Plans** (zur Ankurbelung der unter den Kriegsfolgen leidenden westeuropäischen Konjunktur) Baumwollballen im Überseehafen gelagert. Die Schuppen waren wieder betriebsbereit, die Speicher XI und XIII hergerichtet und Anfang der 1950er Jahre lagen die Schiffe schon wieder doppelt im Überseehafen, während der Europahafen noch brach lag. Dennoch, der Wiederaufbau ganzer Stadtteile ließ auf sich warten. Die Not war groß – und der Hafen ein Lebensnerv in vielfacher Beziehung. **„Erst der Hafen, dann die Stadt"**, das bekannte Zitat des ebenso berühmten wie beliebten Bürgermeisters Wilhelm Kaisen verdeutlichte: Zunächst müssen Hafen und Wirtschaft wieder aufgebaut werden, danach Gebäude und Wohnungen. Viele fanden zunächst am Überseehafen irgendeine Arbeit, aber auch Schmuggel und Schwarzmarkt blühten. Da die Wohnungsnot groß war und der Wohnungsbau auf sich warten ließ, erlaubte Kaisen die Errichtung von Behelfsheimen mit einer Größe bis zu 30 m² in den Kleingartengebieten. So entstanden die ‚Kaisenhäuser' als eine Sonderform des Wohnens auf Parzelle. (Dass das Thema Kaisenhäuser die Politik bis heute beschäftigt, hat sich Wilhelm Kaisen sicher nicht vorstellen können.)

Nach dem Krieg wollte man das Hafengebiet komplett neu planen. Ehemalige Wohngebiete rund um die Freihäfen sollten nicht wieder aufgebaut werden, vielmehr sollte ein großes modernes Hafen- und Gewerbegebiet entstehen, das bis zur Nordstraße reichte. Die neue Nordstraße wurde zur Grenze zwischen dem Stadtteil Walle als Wohngebiet und den Hafenanlagen. Sie wurde 4-spurig ausgebaut und stellt heute eine schwer überwindbare Trennlinie dar zwischen der Überseestadt und dem ‚alten' Walle. Eigentümer auf der Muggenburg und im Baumstraßenquartier wurden enteignet. Nur die Bewohner des kleinen Wiedviertels konnten sich gegenüber dem Senat durchsetzen und ihr nun im Hafengebiet liegendes Wohnviertel wieder aufbauen.

In den 1950er Jahren ging es steil bergauf. Der **Stückgutumschlag** boomte am Überseehafen. Auch die berühmt berüchtigte ‚Küste', das Vergnügungsviertel, das offenbar zu jedem Hafen gehörte, hatte sich in Nähe des Überseehafens, gleich hinter dem Waller Stieg, angesiedelt. In dieser Zeit wurde auch mit dem Wiederaufbau des Europahafens begonnen, der um 1960 abgeschlossen war. Hier entstanden der Speicher 1 und moderne Lagerhäuser wie die Schuppen 1 und 6, die durch ihre Doppelstöckigkeit erheblich mehr Stapelfläche für die anlegenden Schiffe bieten konnten. 1963 übernahm dann der Frühstücksflockenhersteller Kellogg das alte Reismühlengelände.

Die ‚Kiste', die die Logistikwelt veränderte

Aufgrund des großen Stückgutumschlags, den die Freihäfen zu verzeichnen hatten, wurde in unmittelbarer Nähe auf der gegenüberliegenden Weserseite ein neues Hafengebiet zur Entlastung des Europa- und Überseehafens geplant. So wurde in den 1960er Jahren der **Neustädter Hafen** gebaut. Nicht vorherzusehen war jedoch, dass im Juni 1966 das erste Containerschiff aus Amerika, die Fairland, im Überseehafen anlegte. Was zunächst noch skeptisch betrachtet wurde, entwickelte sich zu einem Erfolgsmodell. Die Kiste, der Container, revolutionierte die Hafenwirtschaft und führte zu enormen Rationalisierungen. Darauf reagierte sowohl die Hafenwirtschaft als auch die Politik schnell und flexibel. Der Neustädter Hafen wurde nun auch für den Containerumschlag genutzt und ausgebaut, in **Bremerhaven** entstand das erste Containerterminal. Der Kopf des Europahafens wurde Ende der 1960er Jahre verfüllt, um dort eine Ro-Ro-Anlage zu errichten. Dabei handelte es sich um ein modernes Be- und Entladungssystem, bei dem die Ware in den Schiffsbauch hinein- und herausgerollt werden konnte und das mit einer großen Lagerhalle direkt am Hafenkopf für die Waren verbunden war. Weitere Ro-Ro-Anlagen entstanden auch am Neustädter Hafen und in Bremerhaven. Der Stückgutumschlag, für den besonders die stadtbremischen Häfen standen, wurde nicht einfach durch den Container ersetzt. Es gab jedoch mit der Zeit einschneidende Veränderungen und letztlich war der **Siegeszug des Containers** nicht aufzuhalten. In Bremerhaven wurden weitere Containerterminals gebaut, während in den stadtbremischen Häfen Stückgut immer mehr zu Schwergut wurde. Im Nachhinein kann mit Blick auf den Container von einer Zäsur gesprochen werden, die die Hafenwirtschaft nachhaltig durchgeschüttelt hat. Schmale und zu flache Hafenbecken waren für immer größere Schiffe mit mehr Tiefgang und immer größere Container nicht mehr tauglich, auch fehlten Stell- und Stapelflächen für die Container. Vor diesem Hintergrund verlor die Wasserseite des Europa- und des Überseehafens in den 1980er und 1990er Jahren an Bedeutung, da hier nun immer weniger Schiffe ankamen. Containerbrücken, Portalhubwagen und LKW-Verkehre übernahmen zunehmend den Containertransport zum Lagern in den Schuppen und Speichern oder zum Weiterverarbeiten der Waren. Der Umschlag auf die Bahn kam fast zum Erliegen. In den 1990er Jahren war es unübersehbar, dass das historisch geprägte Freihafengebiet seine ursprüngliche Funktion verloren hatte.

Dennoch: nicht alles ist ‚containertauglich', nicht alle Waren und Güter passen in einen Container oder lassen sich in ihm gut transportieren. So verarbeitet die **Industrie am Holz- und Fabrikenhafen** weiterhin Schüttgut, das mit dem Schiff ankommt und nutzt Gleisanlagen. Auch die Industriehäfen sind auf Schüttgut spezialisiert und es gibt Schwergut, das in keinen Container passt und deshalb z.B. am Neustädter Hafen umgeschlagen wird. Zudem sind nach wie vor eine Vielzahl von Speditionen mit der Distribution beschäftigt.

Die Überseestadt – Vom Hafen zum Mischgebiet der Zukunft

Ende der 1990er Jahre fällte der Bremer Senat eine tiefgreifende und folgenschwere Entscheidung. Einerseits hätten die maroden Spundwände des alten Überseehafens für ihren Erhalt aufwendig und teuer saniert werden müssen. Andererseits war gleichzeitig der Großmarkt in der Nähe des Flughafengeländes der Aufwertung der ‚Airport-City' mit neuen Büroflächen im Wege. Zudem fiel Sand beim Ausbau eines Containerterminals in Bremerhaven an. Etliche Hafenstädte in Europa hatten schon gezeigt, wie aus einer Hafenbrache eine neue ‚Stadt am Fluss' entstehen kann. In Bremen vertrat die Große Koalition mehrheitlich die Position, das alte Hafenareal in ein ‚überwiegendes Gewerbegebiet' weiter zu entwickeln, in dem ein Wohnen am Wasser allenfalls eine Randerscheinung sein durfte. So wurde entschieden, den Überseehafen zu verfüllen, um auf seiner Fläche den Großmarkt anzusiedeln. Eine kurz aufkeimende öffentliche Debatte hatte die Stadt als Ganze nicht erreicht und obwohl es durchaus Ideen für eine ‚Stadt am Fluss' gab, setzte sich das Häfen- und Wirtschaftsressort durch. Die Entscheidung war deshalb so fatal, weil mit dem **Zuschütten des Überseehafens 1998/99** ein wesentliches Stück maritimes Erbe beseitigt und das Gewerbegebiet mit der Großmarktansiedlung wesentlich vergrößert wurde, was alternative Entwicklungen in diesem Kernbereich weitgehend verhinderte. Eine Folge waren außerdem die zusätzlichen LKW-Verkehre, die sich nun ihren Weg durch Wohngebiete des Stadtteils Walle bahnten. Im Nachhinein lassen sich Fehlentscheidungen immer leichter feststellen und kritisieren, aber das Zuschütten des Überseehafens war sicherlich der größte stadtentwicklungspolitische Fehler, der in diesem Gebiet gemacht werden konnte.

Inzwischen können wir schon auf bald 20 Jahre Überseestadt-Entwicklung zurück blicken. Der erste **Masterplan von 2003** orientierte sich an den getroffenen Entscheidungen und an den vorhandenen Industrie- und Gewerbebetrieben. Dazu gehören große Speditionen wie Vollers, Firmen am Holz- und Fabrikenhafen wie die Rolandmühle und nicht zuletzt der Industriegürtel an der Weser mit Kellogg u.a. So vergingen etliche Jahre mit dem Austarieren, an welchen Stellen was gebaut werden darf einschließlich juristischer Auseinandersetzungen. Heute wird beim Verkauf einer Wohnung in der Überseestadt in das Grundbuch eingetragen, dass sich die Wohnung in einem Mischgebiet befindet, nicht in einem reinen Wohngebiet. Die Interessengemeinschaft der stadtbremischen Häfen, ein Zusammenschluss von mehr als 40 Hafenbetrieben am Holz- und Fabrikenhafen und dem Neustädter Hafen, steht im regelmäßigen Dialog mit der Stadt und so konnten Konflikte ausgeräumt und so manche Woge geglättet werden. Das Nebeneinander von gewerblicher und teilweise industrieller Nutzung bis hin zum Wohnen prägt die Überseestadt. Ein Plan ist immer zunächst nur ein Plan – wie am Ende die Realität aussieht, welche Bedarfe sich aus der Stadt entwickeln, das steht auf einem anderen Blatt.

So entwickelte sich eine große **Nachfrage nach modernen Büroflächen**, insbesondere für Start-Up-Unternehmen, für die wachsende IT-Branche, die in Bremen in der Überseestadt ihren Platz gefunden haben. Der Wohnungsbau, der mit 5-stöckigen hochpreisigen Loft-Wohnungen am Wasser begann, nahm später mit **sozial gefördertem Wohnungsbau** auch die nächste Hürde. Die Stadt braucht Wohnraum, vor allem bezahlbaren, und inzwischen gibt es in der Überseestadt mehr Wohnungsbauflächen als ursprünglich angenommen. Nur dort, wo viele Menschen nicht nur arbeiten, sondern auch wohnen und leben, können sich urbane Milieus entwickeln. Wie hier Angebot und Nachfrage zusammen passen, ist schwer zu planen, aber aushandelbar und eine unabdingbare Aufgabe der Stadtentwicklung. Die Überseestadt hat sich rasant entwickelt, das wird an etlichen Bildern dieses Bandes deutlich. Nicht nur gefühlt hinkt der Ausbau einer entsprechenden sozialen, ökonomischen und Verkehrsinfrastruktur hinterher. In den weit auseinanderliegenden ‚Quartieren', die sich bilden oder schon gebildet haben (Kaffee-Quartier , Europahafen, Überseetor und Hafenkante – die ‚Überseeinsel' mit dem ehemaligen Kellogg-Gelände kommt neu hinzu –), fehlen Infrastrukturzentren, mit funktionierendem ÖPNV, mit sozialen Einrichtungen und Bildungsangeboten, mit großzügigen Grünanlagen. Umso wichtiger sind Diskussionen um Schulneubauten, Einkaufsmöglichkeiten und die große Frage, wie die vielen BerufspendlerInnen ihren Weg finden sollen. Bei einem Fluss spricht man nicht ohne Grund von einer Wasserstraße. Der Fluss als Möglichkeit, Stadtteile zu verbinden und Wege zu verkürzen, ist bisher kaum im Blickfeld.

Über **moderne Architektur** lässt sich streiten. Dass der sogenannte Loft-Bau, der – ob für Wohnungen oder Büros – mit Flachdach als eher quadratischer Klotz daher kommt und trotz individueller Unterschiede eher die Gleichförmigkeit betont, der Weisheit letzter Schluss ist, kann bezweifelt werden. In einer Stadt wie Bremen, in der das Bremer Haus eine lange Tradition hat, sind bisher Hochhäuser eine Seltenheit. In der langgestreckten Überseestadt sind sie Symbol für ein Quartier der Zukunft geworden, ein Fingerzeig und Orientierungspunkt, wo man sich befindet.

Die Überseestadt ist für Bremen eine große Chance. Wo gibt es heute in den Städten vergleichbar große zentrale Flächen, die ganz neu entwickelt werden können? Ja – sie ist ein großes modernes Mischgebiet, kein reines Wohnquartier. Darum sind Arbeits-, Berufs- und Wirtschaftsverkehre integraler Bestandteil. Und ja – es gibt Wohnquartiere, die wachsen werden und wachsen müssen, auch sie sind elementare Bausteine dieses Gebiets. Deshalb muss in der Überseestadt auf alle Interessen gleichermaßen eingegangen werden. **Modernes Wohnen und Arbeiten müssen hier zusammen wachsen.** Urbane Milieus und das Gefühl für diesen besonderen Ortsteil werden sich noch entwickeln. Die Überseestadt lässt sich nicht mit historisch gewachsenen Stadtquartieren vergleichen. Die Nähe zum Wasser, die weit auseinander liegenden ‚Zentren', die jeweils sehr unterschiedlich strukturiert sind und sich unterschiedlich entwickeln, sind Komponenten, die sich am Ende zu einem spannenden und vielfältigen Gesamtbild zusammen fügen. Stadtentwicklung muss hier mutig sein, auch mal bekannte Wege verlassen – noch existiert mit neuen Bauprojekten und der ‚Überseeinsel' ein erhebliches Gestaltungspotential!

Zum Bildband

Das Geschichtskontor im Kulturhaus Walle Brodelpott beherbergt ein umfangreiches Text-, Bild- und Tonarchiv, bearbeitet historische Themen im Kontext von Stadtteilgeschichte und -entwicklung. Führungen, Vorträge, das Digitale Heimatmuseum (www.digitales-heimatmuseum) und das Hafenarchiv (Abteilung Hafengeschichte des Geschichtskontors) im Hafenmuseum Speicher XI gehören zum Programm.

Cecilie Eckler-von Gleich (Idee, Konzept, Text, Recherche, aktuelle Fotografie) und **Wilfried Brandes-Ebert** (Bildrecherche, Beratung) sind seit langem im Geschichtskontor des Waller Kulturhauses Brodelpott tätig, sie haben Themen und Bilder zusammengetragen und konnten dabei aus dem mehr als 35-jährigen Bildarchiv des Brodelpott und eigenen Recherchen schöpfen. Wilfried Brandes-Ebert leitet seit vielen Jahren das Hafenarchiv und seine Leidenschaft gilt der Hafenfotografie. So konnten auf besondere historische Sammlungen vom Hafenamt Bremen / bremenports, Sammlungen der BLG LOGISTICS GROUP und des Fotografen H. Brockmöller zurückgegriffen werden. Im Bremer Staatsarchiv wurden weitere Schätze gefunden und schließlich wurden Bilder aus der Sammlung des Fotografen Werner Krysl (Edition Temmen) mit eingearbeitet. Ein umfangreicher Bildnachweis, den Buchseiten zugeordnet, findet man am Buchende.

Die langjährige Mitarbeit von Cecilie Eckler-von Gleich sowohl in der Waller Kommunalpolitik als auch im Geschichtskontor des Brodelpott hat dazu beigetragen, dass die Entwicklung der Überseestadt von Anfang an auch fotografisch-dokumentarisch begleitet wurde und die Gegenüberstellung von Historischem und Neuem in etlichen Vorträgen und Seminaren zu ihrem Markenzeichen der Geschichtsvermittlung wurde.

↓ *Plan von 1905*

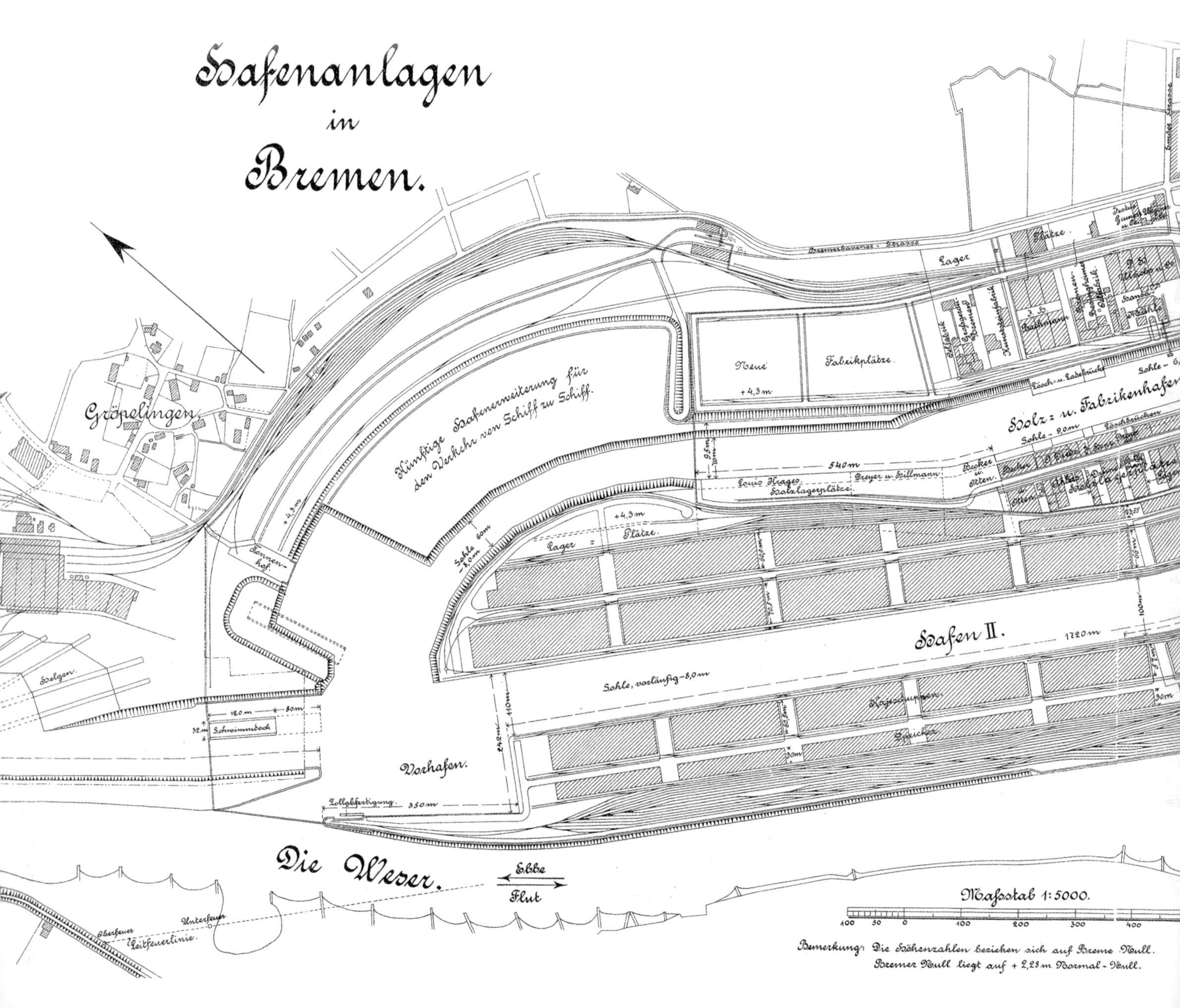

I. DIE GESCHICHTE DER STADTBREMISCHEN HÄFEN 1888–1949

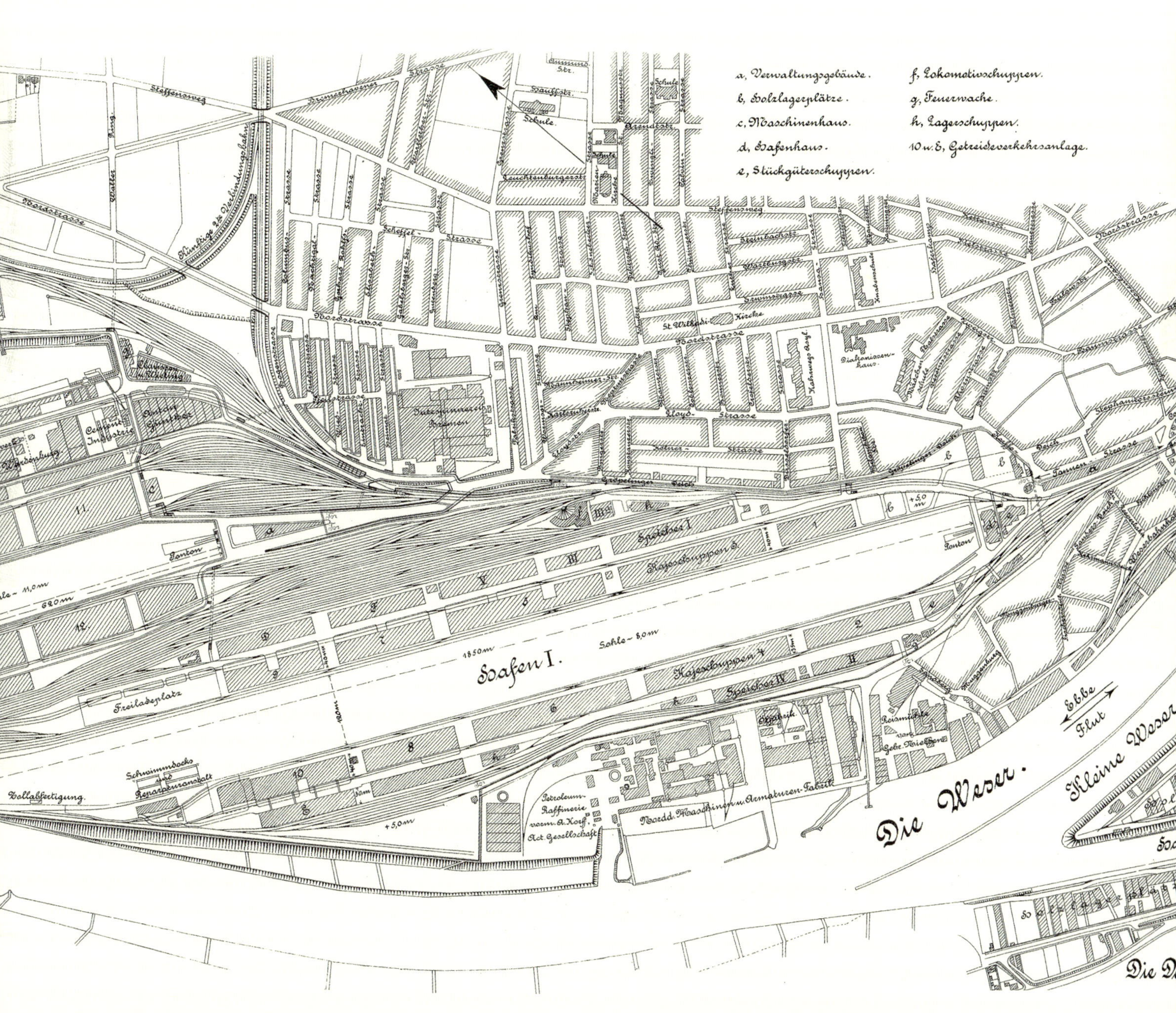

I.1 Zollunion und Industrialisierung

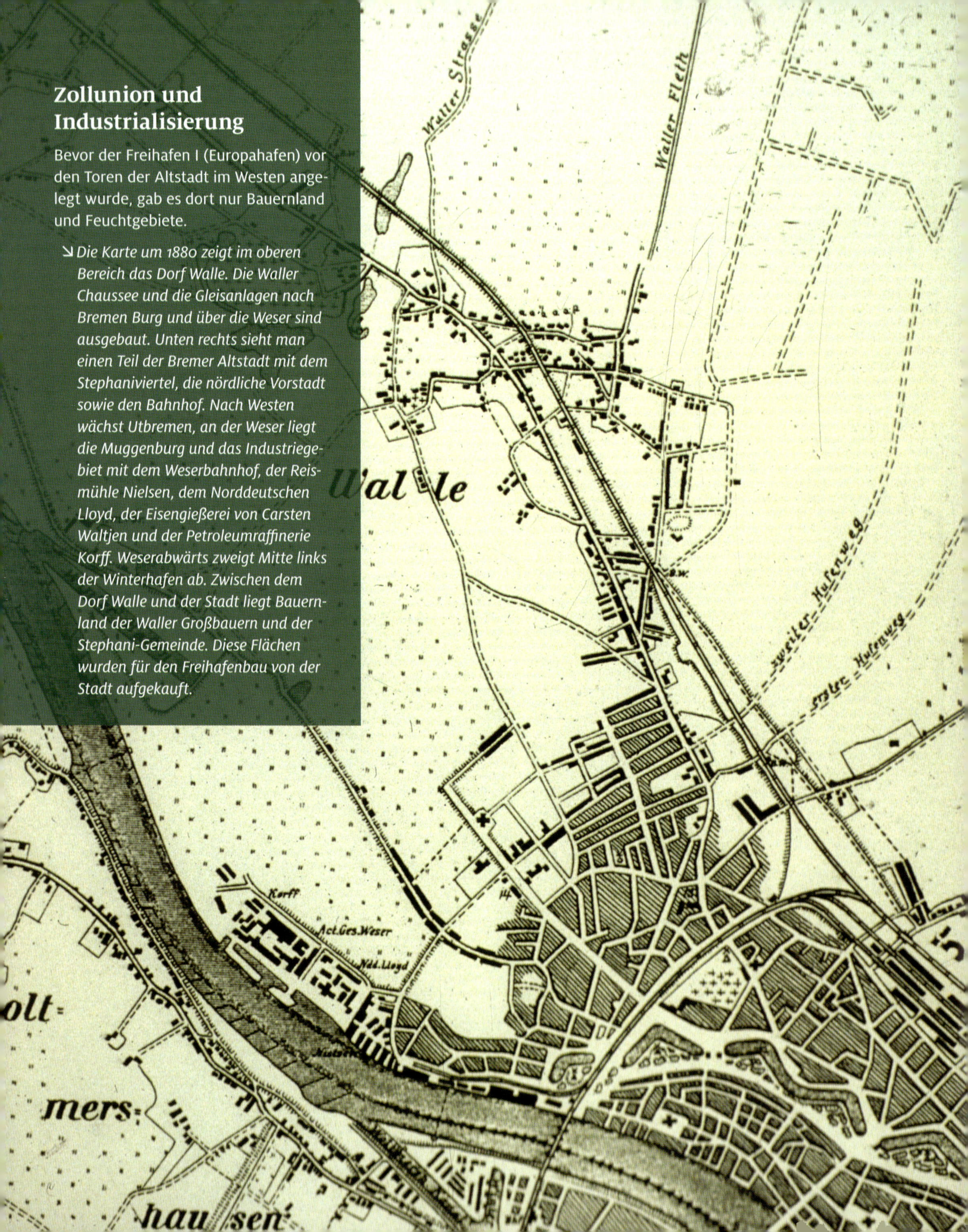

Zollunion und Industrialisierung

Bevor der Freihafen I (Europahafen) vor den Toren der Altstadt im Westen angelegt wurde, gab es dort nur Bauernland und Feuchtgebiete.

↘ *Die Karte um 1880 zeigt im oberen Bereich das Dorf Walle. Die Waller Chaussee und die Gleisanlagen nach Bremen Burg und über die Weser sind ausgebaut. Unten rechts sieht man einen Teil der Bremer Altstadt mit dem Stephaniviertel, die nördliche Vorstadt sowie den Bahnhof. Nach Westen wächst Utbremen, an der Weser liegt die Muggenburg und das Industriegebiet mit dem Weserbahnhof, der Reismühle Nielsen, dem Norddeutschen Lloyd, der Eisengießerei von Carsten Waltjen und der Petroleumraffinerie Korff. Weserabwärts zweigt Mitte links der Winterhafen ab. Zwischen dem Dorf Walle und der Stadt liegt Bauernland der Waller Großbauern und der Stephani-Gemeinde. Diese Flächen wurden für den Freihafenbau von der Stadt aufgekauft.*

Mit Blick auf die Geschichte der stadtbremischen Häfen, ist vor der Eröffnung der Freihäfen der Bau und der Betrieb des **Weserbahnhofs** im vorletzten Jahrhundert von Bedeutung:

Mit dem Bau der ersten Gleisanlagen und der Eisenbahnbrücke über die Weser wurden die Voraussetzungen für einen direkten Umschlag von der Weser auf die Bahn realisiert. 1860 war der Brückenbau abgeschlossen und der Weserbahnhof ging in Betrieb. Es handelte sich um eine moderne Anlage mit eigener Gleisanbindung, so dass die Waren direkt vom Schiff auf die Bahn verladen werden konnten.

↖ *Auf dem Bild von heute beginnt jenseits der Eisenbahnbrücke der Ortsteil Überseestadt mit dem ‚Kaffee-Quartier'.*

↓ *Die Postkarte um 1900 zeigt links den Weserbahnhof, mittig die Brücke, im Hintergrund die alte Erling'sche Windmühle, rechts das Armenhaus am Rand des Stephaniviertels (ab 1912 Focke-Museum).*

1888 war es soweit: Nach den Plänen von Ludwig Franzius (Weservertiefung und -korrektion, Bau eines modernen Seehafens), wurde der **Freihafen I feierlich eröffnet**. Mit dem gleichzeitigen Anschluss Bremens an die Zollunion entstand einer der modernsten Häfen der Welt. Diese vergleichsweise späte Entwicklung hatte den Vorteil, dass der Hafen mit Gleisanbindung bis ans Wasser entwickelt werden konnte. Er war mit modernen Kränen ausgestattet, die mit Wasserdruck betrieben wurden.

So entstand das bald als vorbildlich geltende ‚Bremer System' (Verbindung von Schiffs- und Bahnverkehr).

Schon 1877 gründeten 65 Kaufleute die **Bremer Lagerhaus-Gesellschaft – Actiengesellschaft (BLG)**. Vor allem Bremer Baumwollhändler waren an verbesserten Bedingungen für den Umschlag und die Lagerung interessiert. Bei Eröffnung des Freihafens dehnte die BLG ihre Tätigkeiten auf die rechte Weserseite aus. Heute ist die BLG LOGISTICS GROUP ein international tätiges Seehafen- und Logistikunternehmen.

↑ *Kaiser Wilhelm besuchte 1890 den Freihafen I.*

↓ *Blick auf den Freihafen I mit dem Hafenhaus (Postkarte 1911)*

Bremen 1911 Freihafen

Das Bremer System: Wenn Schiffe im Freihafen (zollfreies Gebiet) ankamen, konnte die Ware entweder direkt auf die Bahn verladen werden, oder sie wurde in flachen Schuppen kurzfristig bzw. in den dahinter liegenden Speichern längerfristig gelagert. Für das Lagern in Schuppen und Speichern fiel für die Kaufleute noch kein Zoll an, erst beim Verkauf und damit beim Verlassen des zollfreien Gebietes.

Durch die gute Anbindung an die Gleise (sie wurden vor den Schuppen bzw. zwischen Schuppen und Speichern angelegt) war bei Verkauf der Waren in die ganze Welt ein schneller Weitertransport möglich.

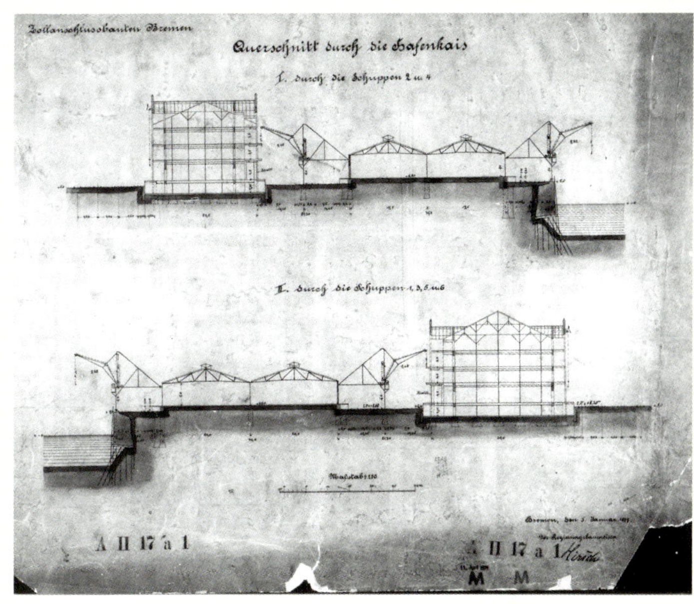

↓ *Blick vom Hafenkopf auf den Freihafen I, auf dessen linke Seite mit dem Schuppen 2 und den dahinter liegenden Speichern. Direkt am Beckenrand sind die Gleisanlagen mit den Güterwaggons zu erkennen.*

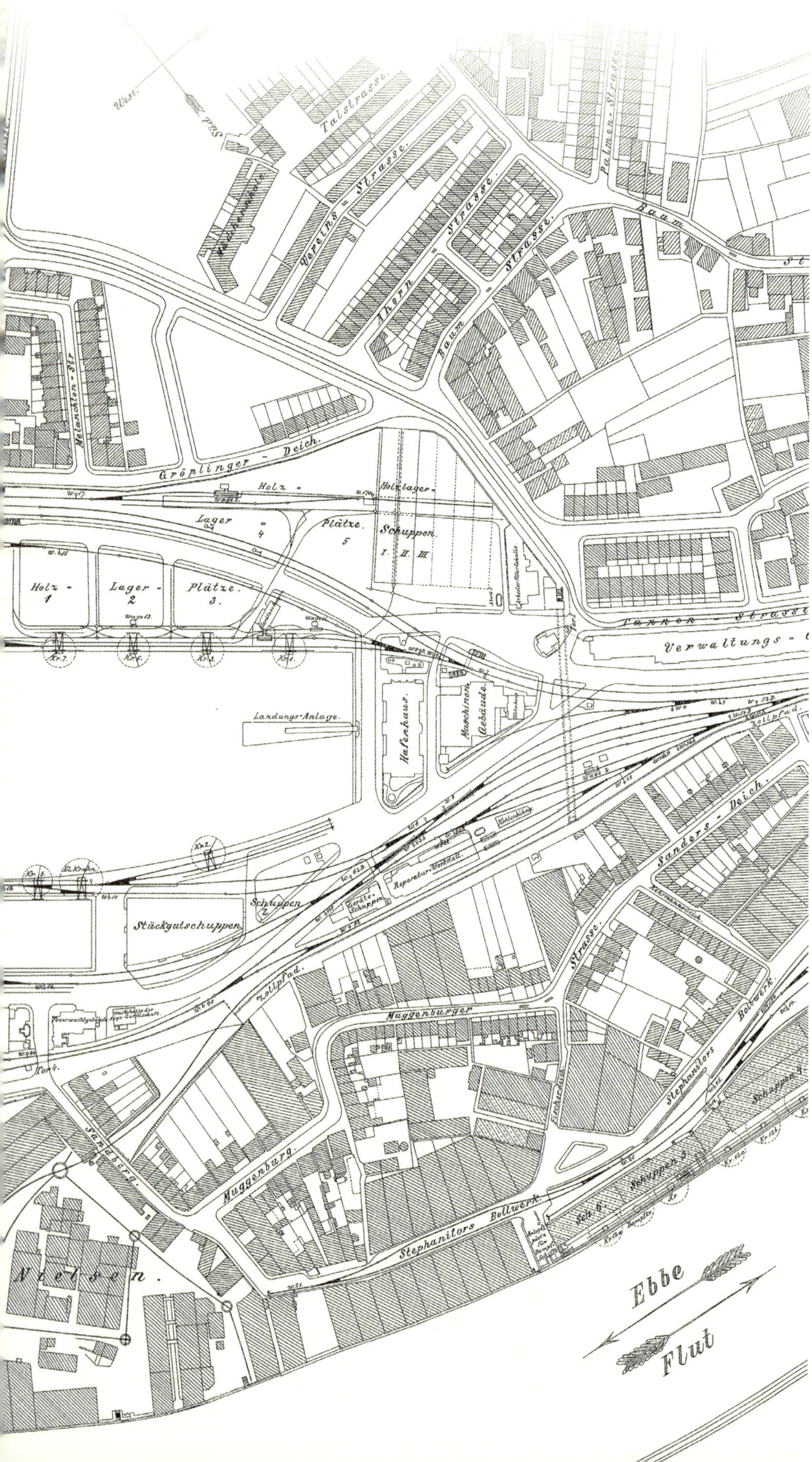

Mit dem Hafenbau und der Industrialisierung veränderte sich das einst dörfliche Gebiet im Bremer Westen fundamental: **Die Vorstadt wuchs** (Utbremen) und Waller Großbauern konnten sich durch den Verkauf ihrer Ländereien prächtige Villen leisten.

Weitere Bausteine für die Vorstadtentwicklung wurden mit dem Gebiet um den Lokschuppen an der Waller Chaussee, mit der Ansiedlung der ‚Jute-Spinnerei und Weberei' an der Nordstraße und dem angrenzenden ‚Wiedviertel' gesetzt.

← Karte um 1905

↓ Villa eines Waller Großbauern um 1900

Zeitgleich mit dem Bau des Freihafens I wurde 1888 die **Jute-Spinnerei und -weberei AG** gegründet und auf einem großen Flurstück in Hafennähe gebaut (heute ungefähr das Gelände der Spedition Vollers, Farbfoto). Sie zählte mit über 2.000 Beschäftigten zu den größten Industriebetrieben in Bremen und verfügte über einen direkten Gleisanschluss zum Freihafen.

Der Rohstoff Jute kam aus der britischen Kolonie Indien und wurde in den Teilbetrieben Batscherei, Spinnerei und Weberei zu Garnen und Seilen für die Schiffs- und Hafenwirtschaft verarbeitet. Zudem wurden Säcke aus Jute in der werkseigenen Näherei hergestellt. Jute war damals auch in der Teppichindustrie begehrt sowie als Unterlage für Linoleum.

Einwanderung: Aus Mangel an Arbeitskräften wurden vor allem Familien aus Böhmen, Mähren, Galizien und dem Eichsfeld angeworben. So wurde im Umfeld der ‚Jute' viel polnisch und tschechisch gesprochen. Die Jute baute eigene Werkswohnungen in der Fabrikenstraße und Wohnungen am Syndicushof. Die Mieten waren niedrig, die Wohnverhältnisse aber extrem beengt. „Schlafgänger" und „Logierer" waren durchaus üblich: Selbst 6–8-köpfige Familien überließen Untermietern einzelne Betten ihrer 2–3-Zimmerwohnung. Aus den Ergebnissen der Volkszählung von 1907 stach das Gebiet um die ‚Jute' als das dicht besiedeltste in ganz Bremen hervor.

↑ *Jute-Kinder auf dem werkseigenen Gelände*

↓ *Das Kinder- und Säuglingsheim der Jute an der Nordstraße*

Die Löhne waren niedrig, die Arbeit hart. Dennoch: Für die Eingewanderten waren die Lebensverhältnisse besser als in ihrer Heimat. Da viele katholischen Glaubens waren, wurde die **St. Marien Gemeinde** am Steffensweg in Walle als zweite katholische Kirche in Bremen gebaut; sie wurde im November 1898 eingeweiht (Bild rechts). Bald darauf folgte der Bau einer katholischen Schule und eines Kinderheims.

Die ‚Jute' selbst eröffnete 1907 ein eigenes **Kinder- und Säuglingsheim an der Nordstraße**.

„Fluch und Segen" lagen dicht beieinander: Für die Frauen auf der ‚Jute' war das Kinderheim eine lebenswichtige soziale Einrichtung, waren zu der Zeit doch Säuglingssterblichkeit und Krankheiten hoch, gleichzeitig erhöhten diese Einrichtungen die Abhängigkeit der Familien von der Fabrik.

In den 1930er Jahren fusionierte die Bremer ‚Jute' mit der bereits 1871 von Bremer Kaufleuten gegründeten 'Jute-Spinnerei und Weberei' in Delmenhorst. Im 2. Weltkrieg wurde das Bremer Werksgelände sehr stark zerstört. Die Produktion lief nur noch in einem kleinen Teilbereich bis 1954, dann wurde sie ganz nach Delmenhorst verlagert.

↑ *Auf dem Bild von heute links die Marien Kirche, rechts die Wilhadi-Kirche. Letztere wurde nach dem Krieg nicht an der Nordstraße, sondern hier am Steffensweg wieder aufgebaut.*

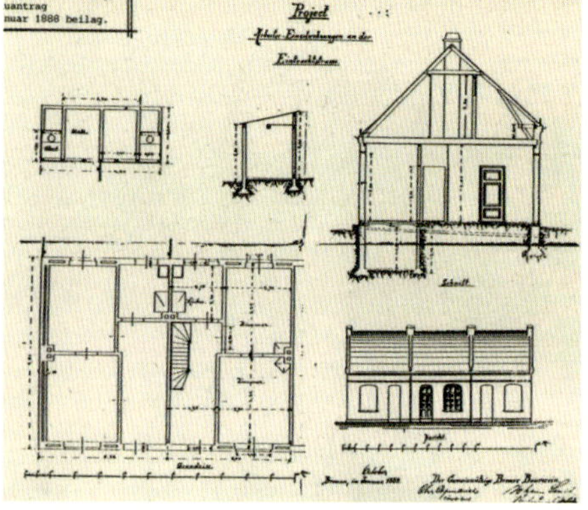

Mit dem **‚Wiedviertel'**, heute auch ‚Heimatviertel' genannt, wurde der nächste Schritt einer Wohnbebauung in Hafennähe gemacht.

Direkt neben dem ‚Jute'-Gelände entstanden zwischen 1888 und 1893 in Trägerschaft des **Gemeinnützigen Bremer Bauvereins** nach einem genossenschaftlichen Modell Häuser für Arbeiterfamilien, die über Mietkauf langsam in Eigentum übergingen. Es wohnten überwiegend Handwerker und Hafenarbeiter im ‚Wied'. Für Familien der ‚Jute' waren die Häuser in der Regel unerschwinglich.

Man war stolz so ein Bremer Häuschen sein eigen nennen zu können. Oft gab es trotz der engen Wohnverhältnisse eine ‚gute Stube'. Auch war der Zusammenhalt im Viertel groß, politisch war man links orientiert (sozialdemokratisch und kommunistisch).

Die Straßennamen verweisen auf den Wunsch der BewohnerInnen hier in ihrer ‚Heimat', in ‚Eintracht' und ‚Frieden' zu wohnen. Nach den Kriegszerstörungen wollte die Stadt das Gebiet ursprünglich in ein Gewerbegebiet zur Hafenerweiterung umwandeln. Eine Bürgerintiative konnte dies verhindern und das Quartier wieder aufbauen. Heute liegt dieses historische ‚Heimatviertel' wie eine Enklave in der wachsenden Überseestadt und ist als Wohnviertel begehrt.

Nach der Eröffnung des Freihafens I (Europahafen) wurden die Planungen für das nächste Hafenbecken aufgenommen. Es musste ein beschiffbarer Wasserzugang für die verarbeitende Industrie jenseits der Zollgrenzen geschaffen werden und so wurde der **Holz- und Fabrikenhafen** Ende des 19. Jahrhunderts gebaut. Wie der Name deutlich macht, gab und gibt es bis heute die Holzhafenseite, an der sich ausschließlich holzverarbeitende Betriebe ansiedelten wie die Firma Steinbrügge & Berninghausen sowie das Fabrikenufer, an dem verschiedene Industriebetriebe ihre Produktion aufnahmen. Die damalige Hansamühle (1890), die Bremer Besigheimer Ölfabrik (1895), die Roland-Mühle (1897) gehörten dazu und ab 1906/07 Kaffee HAG.

Die Waren, wie z.B. Kaffeebohnen oder Getreide, wurden direkt vom Schiff in die Fabrik gebracht und auf dem Schiff verzollt.

Die Brandgefahr im Hafen war sowohl auf den Schiffen als auch bei der Lagerung sehr groß. Ein Schwelbrand der Baumwolle war z.B. kaum zu löschen. So wurde am Kopf des Holz- und Fabrikenhafens um 1905 die **Feuerwache 5** eröffnet. Direkt an das Gebäude der Feuerwache schloss das **Zollhaus** an, das für den wenig später eröffneten Freihafen II nötig geworden war. Das historische Gebäude der Feuerwache hat den Krieg überstanden und ist heute ein Kleinod mit dem Ensemble der historischen Bachmannspeicher in direkter Nachbarschaft.

↓ *Die Aufnahme entstand 1907. Das Dach scheint am Gebäudekomplex rechts in Brand geraten zu sein.*

Ludwig Roselius gründete 1906 die Firma **Kaffee HAG am Holz- und Fabrikenhafen**. Er produzierte ab 1907 den ersten koffeinfreien Kaffee weltweit. 1914 entstand der Marmorsaal, in den man wichtige Geschäftspartner und ausländische Botschafter einlud und in exklusiver Runde speiste. Unterbrochen durch den 1. Weltkrieg wurde 1922 die Kaffeerösterei wieder aufgenommen, 1929 die Produktion mit dem Kaba-Werk erweitert.

Kaffee HAG mit dem roten Herzen bleibt in Erinnerung auch wenn mit dem Verkauf 1979 an General Foods die Globalisierung ihren Lauf nahm und mit Fusionen und Verkäufen die Firmen wechselten. Bremen blieb eine Kaffee Stadt – heute werden in Bremen Hemelingen etliche Bohnen geröstet, auch florieren kleine Röstereien, wie Münchhausen im Stephaniviertel oder Lloyd Caffee auf einem Teil des heutigen HAG-Geländes.

↓ Blick auf das historische Kaffee-HAG-Gelände am Fabrikenufer, im Hintergrund Waller Friedhof und Park

Ungefähr parallel zum Holz- und Fabrikenhafen wurde nach 1900 mit den Bauarbeiten des **Freihafens II (Überseehafen)** begonnen. Die Auslastung des Freihafens I (Europahafen) war so groß, dass ein Wendebecken angelegt werden musste, dem der alte 'Winterhafen' zum Opfer fiel. Dieser war 1880 als Parkplatz für Schiffe angelegt worden, wenn bei Eis und Schnee die Weser nicht schiffbar war.

1906 konnte der Freihafen II eröffnet werden, wobei das Bremer System fortgesetzt wurde. Die Schuppen mit den geraden Zahlen (12, 14, 16 und 18) befanden sich auf der linken Seite, die mit den ungeraden (11, 13, 15 und 17) auf der rechten, wobei die letzteren erst bei der Verbreiterung des Hafenbeckens um 1926 gebaut wurden.

↑ 1908 – Freihafen II (Überseehafen)

Beim Freihafen II (Überseehafen) wurden zwischen 1910 und 1912 die baugleichen Speicher XI und XIII errichtet. Sie wurden hinter den Schuppen 11 und 13 erbaut und später zum Speicher XI zusammengefasst.

Für den zügigen Umschlag auf die Bahn wurde auf einer Ebene mit der Erdgeschossfläche der Speicher eine ca. 1 m hohe Rampe angelegt. Jede Abteilung hatte einen eigenen Lastenaufzug.

Am Freihafen II wurden – im Unterschied zum Freihafen I – keine zusätzlichen Speicher gebaut, was darauf hindeutet, dass der Bedarf an kurzfristiger Lagerung und einem schnellen Umschlag gestiegen war. Hier wurden vor allem Baumwolle, Tabak und Kaffee umgeschlagen.

Die **Energieleitzentrale** wurde um 1910–12 direkt am Freihafen II gebaut. Die gesamte Energieversorgung für den Hafen lief über dieses Gebäude, das heute noch steht und als Veranstaltungszentrum genutzt wird.

Die Eisengießerei von Carsten Waltjen wurde schon 1848 am alten Industriegürtel (heute Überseeinsel) an der Weser betrieben. Aus ihr ging die 1872 gegründete **Actien-Gesellschaft „Weser“** hervor. Mit dem Neubau der Freihäfen I und II und des Holz- und Fabrikenhafens wurde das Wendebecken weiter nördlich angelegt und der Ausbau des Werfthafens beschlossen. So siedelte die **A.G. »Weser«** stromabwärts nach Gröpelingen um und die Norddeutsche Maschinen- und Armaturenfabrik übernahm 1905 von der A.G. »Weser« die Werftanlagen am Industriegürtel. Zur gleichen Zeit wurden hinter dem neuen Werfthafen die ersten Becken der Industriehäfen angelegt. Die A.G. »Weser« entwickelte sich zum größten Industrieunternehmen im Bereich des Schiffbaus weit über die Grenzen Bremens hinaus.

Das vom Architekten Dietrich Thölken entworfene **Verwaltungsgebäude der A.G. »Weser«** wurde 1905 am Schiffbauerweg 2/4 errichtet. 1930 wurde es durch Anbauten erheblich erweitert und 2006 unter Denkmalschutz gestellt.

← Heute befindet sich das Gebäude im Stadtteil Gröpelingen ungefähr gegenüber dem Einkaufszentrum ‚Waterfront'. Dieses Shopping Center und die Veranstaltungshalle ‚Pier 2' befinden sich auf dem ehemaligen Gelände der A.G. »Weser«.

Nördlich vom Werft- und Getreidehafen wurden nach 1900 die **Industrie- und Handelshäfen** gebaut. Mit einem Längskanal, von dem 5 Arme abzweigten, sollte eine Verbindung zwischen den Industrieanlagen und Lagerplätzen von Massengut hergestellt werden. Für die Stahlhütte, für Kohle, Öl, Holz und Wein wurde eine Schleuse gebaut, um von der Tide unabhängig zu werden.

Die Industriehäfen sind Teil der stadtbremischen Häfen und sind auch heute noch, genauso wie der Holz- und Fabrikenhafen und der Neustädter Hafen, aktives Hafengebiet. Sie gehören zum Stadtteil Gröpelingen/Oslebshausen, liegen aber eigentlich nur einen ‚Steinwurf' von der Überseestadt entfernt.

Die **Getreideverkehrsanlage am Wendebecken**, in der Nähe des Werfthafens, wurde 1914-16 errichtet und einige Jahre später erweitert. Sie war damals die größte Europas. Bis zu einer Million t Weizen aus der Ukraine wurden hier umgeschlagen und die Silos fassten ca. 32.000 t.

Nach Kriegszerstörungen wurde die GVA bis 1950 wieder aufgebaut und im Laufe der Zeit mehrmals modernisiert. Der Fokus lag zunehmend auf der Lagerung und dem Umschlag von Futtermitteln.

Um 2000 wurde es ruhiger um die Anlage. Neben Führungen nutzte die Firma Wandel die Anlage in Teilen. Im Jahr 2018/19 erwarb die Firma J. MÜLLER Weser das Gelände der GVA. Sie hat inzwischen den Status eines Industriedenkmals und geht nun neuen Zeiten entgegen.

Im Vergleich zu dem Plan von 1905 ist Walle explosionsartig gewachsen. Die Wohnbebauung reicht bis kurz vor den Waller Ring. Die Nordstraße ist beidseitig bebaut: Rund um die Häfen lagen Wohnquartiere. Wohnen und Arbeiten waren dicht beieinander. Hinter der Grünanlage und in Höhe des Wendebeckens liegt die Grenze zwischen den Stadtteilen Gröpelingen und Walle. Die drei Hafenbecken Europa-, Übersee- und Holz- und Fabrikenhafen gehören somit zum Stadtteil Walle, der Getreide- und Werfthafen sowie die Industriehäfen gehören zu Gröpelingen. Deshalb ist die heutige ‚Überseestadt' ein Ortsteil von Walle.

↓ *Auf diesem Ausschnitt aus einem Plan von 1920/1921 blicken wir auf das ausgebaute Hafengebiet: Der Freihafen I (heute Europahafen) liegt weit Richtung Altstadt, zwischen ihm und der Weser liegt wie auf einer Halbinsel der Industriegürtel und das kleine Wohngebiet ‚Muggenburg'. Ungefähr dort, wo der Freihafen I in die Weser mündet, liegt mittig der Freihafen II (Überseehafen) und auf der gleichen Höhe darüber der Holz- und Fabrikenhafen. Beide münden in das Wendebecken. Auf der nordwestlichen Seite des Wendebeckens befinden sich die Flächen für den Getreidehafen, westlich davon beginnt der gerade noch erkennbare Werfthafen, dahinter liegen die Industriehäfen. Um die Häfen sind die ausgebauten Gleisanlagen eingezeichnet. Als Grünanlage sind der Waller Friedhof und der Waller Park zu erkennen.*

I.2 Hafen und Wohnen

Hafen und Wohnen

↖ *Wie auf dem gerade betrachteten Plan blicken wir auf dieser Luftaufnahme von 1927 auf das Hafengebiet und die westliche Vorstadt – allerdings von der Altstadt aus. Gut zu erkennen ist mittig der Freihafen I (Europahafen) mit dem Hafenhaus. Links unten erkennt man direkt an der Weser die Dächer des Weserbahnhofs. Dahinter schließt sich die ‚Muggenburg' an mit Wohnbebauung und Packhäusern und dem Industriegürtel auf der Halbinsel zwischen Freihafen I und Weser mit der Reismühle Nielsen, den Atlas-Werken und der Petroleum Raffinerie Korff. Rund um die Häfen – gleich hinter dem Zollzaun – erstrecken sich Wohnquartiere. Am rechten Bildrand ist ein Teilstück der Nordstraße (mit Knick) und die Wilhadi-Kirche zu sehen. Rechts oben der Freihafen II und der Holz- und Fabrikenhafen.*

↑ *Der Blick vom Turm der Stephanikirche nach Westen ist einzigartig: Das Foto wurde bei der Sanierung des Kirchturms im Jahr 1931 geschossen. Im Vordergrund geht der Blick über die Dächer des Stephaniviertels nach Westen. Links quert die Eisenbahnbrücke die Weser, wo Schiffe am Gelände des Weserbahnhof liegen. Im Hintergrund rechts erstrecken sich der Freihafen I (Europahafen) und die angrenzenden Wohngebiete.*

Die **‚Muggenburg'** war als Wohn- und Gewerbequartier wesentlich älter als der Freihafen. Sie existierte schon lange vor den Toren der Altstadt mit dem dahinter liegenden Industriegürtel. Auf der Muggenburg wurde Kalk für den Bau der Bremer Häuser gebrannt, auch Viehhaltung und Handwerk waren hier zu Hause.

↑ Im unteren Bereich der Luftaufnahme aus den 1920er Jahren ist ein Teil der Muggenburg zu sehen, links die Reismühle Nielsen, dahinter ein Teil der Atlas-Werke. Wir blicken auf den Freihafen I mit seinen flachen historischen Schuppen und den dahinter liegenden Speichern. Rechts im Bild das dichte Wohngebiet (der ‚Alte Westen') zwischen Nordstraße und Freihafen, am oberen Bildrand der Freihafen II (Überseehafen) und der Holz- und Fabrikenhafen.

→ Das Fuhrgeschäft Klatte (im Bild links das Wohnhaus) befand sich auf der Muggenburg neben der Schellackfabrik Stroever (rechts im Hintergrund).

Mit dem Bau des Freihafens I wurde aus der Muggenburg eine Halbinsellage: Auf der einen Seite die Weser, auf der anderen der Zollzaun mit dem dahinter liegenden Freihafen. Durch einen Tunnel, der unter den Gleisanlagen verlief, gelangten die Muggenburger in Richtung Nordstraße.

Sie lebten gerne auf der ‚Pipe', wie sie die Halbinsel nannten, nah am Wasser, nah am Hafen. Neben kleinen Geschäften und Gaststätten gab es etliche Unternehmen. Die Schellackfabrik Stroever (heute Stroever GmbH & Co KG) gehört zu den Alteingesessenen. Sie feierte im Frühjahr 2018 ihr 125-jähriges Jubiläum. Die kleine Straße Sandberg verlief direkt am Firmengelände der Reismühle Nielsen vorbei, auf deren Gelände Anfang der 1960er Jahre Kellogg seine Produktion aufnahm. In unmittelbarer Nähe standen eine Reihe von stattlichen Packhäusern am Weserufer (siehe unten).

↑ *Die Muggenburger Straße, Blickrichtung Sandersdeich, typisch waren die unterschiedlichen Bauten, vom Packhaus bis zum Bremer Haus.*

Aus einer Kindheitserinnerung von Dieter Hartig:
„Das Packhaus nebenan zog uns immer wieder in seinen Bann. Es war voller Baumwollballen ... Der schönste Platz im ganzen Packhaus war der Dachboden ... Im Giebel war ein riesiges rundes Fenster. Wir konnten stundenlang den ganzen Hafen beobachten. Wir sahen die vielen Schiffe, damals auch noch welche mit Masten und Segeln, die Kräne, immer in Bewegung, so wie alles im Hafen in Bewegung war."

Nicht weit davon entfernt, in der Straße Auf der Muggenburg, war die Familie Lunsken zu Hause. Sie hatten ein Milchgeschäft im Wohnhaus und nebenan die Stallungen für Vieh und Haustiere, vom Schwein bis zum Schaf.

↓ *Ein paar Schritte vom Milchgeschäft entfernt, befand sich das* **Fuhrunternehmen Klatte**. *Es arbeitete mit bis zu 40 Pferden. Die Stallungen lagen gleich hinter dem Wohnhaus in direkter Nachbarschaft zur* **Schellack Fabrik Stoever**. *Wenn man heute vor der Schellackfabrik steht, erkennt man noch die Straßenbiegung und das alte Pflaster der ursprünglichen Straßenanlage direkt vor dem Eingangsbereich.*

Die **Segeltuchmacherei Heinrich Meyerdiercks**, schon 1875 gegründet, hatte ihren Sitz seit 1904 auf der Muggenburg Bei der Reeperbahn 12/13 (Ecke Zollpfad). Die Gebäude standen direkt hinter dem Zollzaun, davor verliefen die Gleisanlagen, die zum Europahafen führten.

Der Name ‚Reeperbahn' bezieht sich auf den Beruf der Reepschläger. Zur Fertigung der Seile für die Schifffahrt wurden die Reepe in langen Bahnen verdrillt oder verflochten und anschließend zum Trocknen gelegt. Die Reeperbahn befand sich hier schon lange bevor es zur Bebauung dieses Gebiets kam.

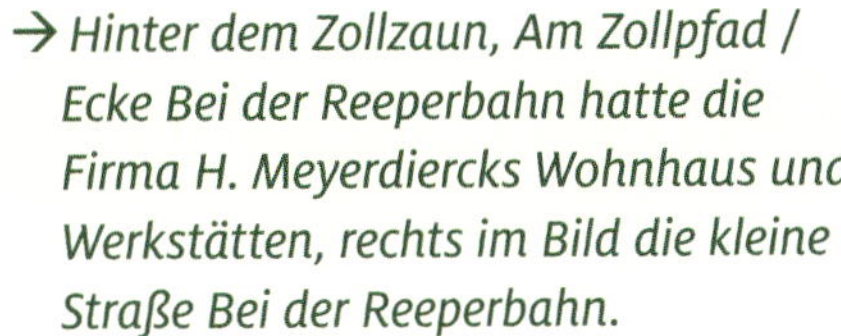

→ Hinter dem Zollzaun, Am Zollpfad / Ecke Bei der Reeperbahn hatte die Firma H. Meyerdiercks Wohnhaus und Werkstätten, rechts im Bild die kleine Straße Bei der Reeperbahn.

Die **Gebr. Nielsen** begannen schon sehr früh am Stephanitorsbollwerk mit industrieller Produktion (1837 eine Kalkbrennerei und Zementmühle, 1843 eine Zuckersiederei) bevor sie 1862 eine Reismühle gründeten und ausbauten. Diese wurde 1901 in eine Reis- und Handels-Aktiengesellschaft überführt, ein Zusammenschluss etlicher norddeutscher Reismühlen mit Sitz in Bremen. Andreas Rickmers führte ebenfalls eine Reismühle und wurde Vorsitzender des Aufsichtsrats der AG. Kellogg übernahm 1963 sowohl das Gelände der ehemaligen Reismühle Nielsen als auch die Rickmers-Reismühle.
Nach 1911 engagierte sich die Atlas-Werke AG neben dem Apparatebau und der Produktion von Schiffshilfsmaschinen auch im Schiffbau. So wurden Schlepp- und Frachtdampfer gebaut, im Ersten Weltkrieg zudem Rümpfe von Torpedo- und U-Booten.

Die Atlas-Werke wie auch die Reismühle Nielsen wurden im 2. Weltkrieg fast vollständig zerstört. Ausgehend vom Wiederaufbau gewann die Elektromechanik immer mehr an Bedeutung. Heute produziert der Konzern STN ATLAS Elektronik mit Sitz in Bremen-Hemelingen für militärische und zivile Zwecke nicht zuletzt im maritimen Bereich.

↓ Von der Muggenburg aus ging es den Zollpfad entlang – vorbei an der Reismühle Nielsen und den 1902 gegründeten Atlas Werken. Man blickt auf den Industriegürtel, auf die Halbinsel (heute ‚Überseeinsel‘), dahinter liegt der Europahafen mit den Speichern und im Hintergrund das große Wohngebiet.

Mit der **Fähre** ging es von den Atlas-Werken und der Muggenburg auf die andere Weserseite nach Woltmershausen – nicht nur nach der Arbeit, sondern auch zum **Badestrand**.

↑ Die Muggenburger badeten aber auch auf ihrer ‚Pipe' bei der Stephanikirchenweide. Im Hintergrund ist das Gelände von Esso, früher Petroleum Raffinerie Korff, zu sehen.

← Baden in der Weser bei Woltmershausen, im Hintergrund die Atlas-Werke

Die Wohngebiete zwischen der alten Nordstraße und dem Freihafengelände, rund um die Hansastraße und um die Baumstraße, nannte man früher auch den ‚alten Westen'. Hier wohnte man teils proletarisch, teils gut bürgerlich.

Im 2. Weltkrieg wurde dieses ganze Gebiet völlig zerstört und als Wohngebiet nicht wieder aufgebaut.

Die **Baumstraße** war besonders lang und vom stattlichen Wohnhaus, der Eckkneipe bis zu Geschäften gab es dort alles.

Hinter Eduscho entwickelte sich nach 1945 ein überwiegendes Gewerbegebiet mit vereinzelten Wohnhäusern. Dieses Mischgebiet besteht bis heute und führt ein eigenartiges Schattendasein – so nah an der boomenden Überseestadt. Dennoch: Nischen werden gerne von Künstlern genutzt, so dass man gespannt sein kann, wie sich dieses Quartier weiterentwickelt.

↓ Die Gaststätte ‚Zum Walfischkrug' Am Walfischgang / Ecke Baumstraße

↘ Das Fuhrgeschäft Pape in der Baumstraße 28-30 – mit Gemüse-, Obst- und Kohlenhandlung

Diese Aufnahme der alten **Nordstraße** zeigt besonders, was im 2. Weltkrieg verloren gegangen ist und wie der Wiederaufbau, dem wir uns noch widmen werden, das Gesicht des Stadtteils verändert hat. Vom Turm der alten Wilhadikirche schaut man in Richtung Holz- und Fabrikenhafen stadtauswärts. Die Nordstraße, beidseitig bebaut, war pulsierendes Zentrum: Etliche Geschäfte, wunderschöne Bremer Häuser, die Straßenbahn, das große Diakonissen-Krankenhaus, Karwegs Asyl (eine Siche-Einrichtung für ältere Menschen), der Spielplatz an der Nordstraße, auf dem mehrmals die Woche ein Markt mit über 200 Ständen stattfand und auf dem sich die Arbeiterbewegung zu Demonstrationen versammelte, dann die ‚Jute', das ‚Wiedviertel' und der direkte Zugang zum Hafen …

↑ *Blick vom Diako-Bunker auf die heutige Nordstraße, die wie ein Graben die Überseestadt vom übrigen Stadtteil Walle abtrennt.*

↓ *Blick auf die Nordstraße um 1930: Die Neptun-Apotheke an der Ecke Nordstr./Neptunstr. (links unten), ein Stück weiter das Wohngebiet mit den rheinischen Städtenamen (Mannheimer-, Karlsruher-, Wormserstr.), dahinter die Fabrikenstraße und das Jute-Gelände, dahinter das Wiedviertel. Auf der rechten Seite die Schulze-Delitzsch-, Schönebecker- und Stephanstraße.*

In der Nähe des heutigen Weser Towers, dem bisher höchsten Bürogebäude in der Überseestadt, gleich hinter dem Stephaniviertel gen Westen, liegt das **‚Kaffee-Quartier'**. Auch wenn heute in dem Quartier keine Bohnen mehr geröstet werden, so verbindet sich mit dem Ort die bremische Kaffeetradition, war hier doch mit ‚Eduscho' eine weit über Bremen hinaus bekannte und erfolgreiche Kaffee-Großrösterei mit Vertrieb vor Ort. Mit **Eduscho** – der Name leitet sich von dem Firmengründer Eduard Schopf ab – verbindet sich eine lange Tradition zweier Familien von Firmengründern. Als Gummisiederei begann **Siedentopf** schon 1875, sattelte aber später auf Kaffeerösten um. Eduard Schopf integrierte ab 1928 Siedentopf in das Unternehmen.

↗ Im Bild ist das langgestreckte Gebäude die alte Rösterei, die den Krieg überstanden hat (auf dem Bild von heute das rote Gebäude).

→ Der Geschmackstester bei der Arbeit. Die historischen Bilder wurden in einer Broschüre von H. Siedentopf (von 1936) veröffentlicht.

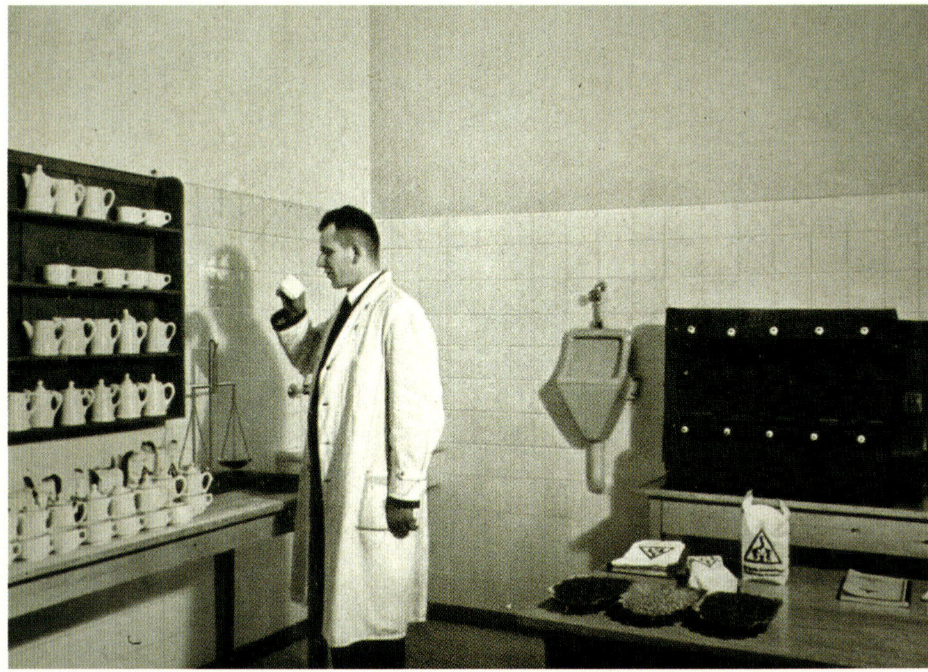

Im Krieg wurde ein Teil des Geländes zerstört, wobei die Rösterei erhalten blieb. Nach 1945 florierte das Großunternehmen, konnte zusätzliche Flächen rund um die Firma kaufen und ‚Eduscho' wurde marktführend. 1997 verkaufte die Familie ihr Unternehmen an Tschibo in Hamburg. Allerdings wurde seit 1996 das Rösten von koffeinfreiem Kaffee erfolgreich mit Bernd Schopf an anderer Stelle fortgeführt – mit der Coffein Company in Bremen Sebaldsbrück. Das Immobilienunternehmen Siedentopf und Schopf prägt heute das Gebiet rund um die ehemalige Rösterei: Der Weser Tower, das GOP Varieté-Theater, das Steigenberger Hotel und andere Gebäude wurden gebaut und vermarktet.

Etliche Güter, die in den Freihäfen umgeschlagen wurden, waren auch Kolonialwaren wie z.B. die Jute aus dem damaligen British Indien.

In den 1930er Jahren wurde der Freihafen I in Europahafen und der Freihafen II in Überseehafen umbenannt, was auf die Spezialisierung der Warenströme hindeutet.

Hafenarbeit war in der ersten Hälfte des 20.Jahrhunderts schwere und personalintensive Tätigkeit. Da das Verkehrsaufkommen der Schiffe täglich schwankte, war der Bedarf an Arbeitskräften für das Löschen und Laden der Schiffe sowie für die Lagerung und das Verladen der Güter mehr oder weniger starken Schwankungen unterworfen. Deshalb war nur eine Minderheit der Arbeiter ständig, also fest angestellt. Die Mehrheit waren sogenannte ‚Unständige', die bei Bedarf angeheuert, bei fehlendem Bedarf sofort wieder entlassen wurden. Wer kräftig war, hatte gute Chancen als ‚Unständiger' beschäftigt zu werden. Erst mit der Gründung des **Hafenbetriebsvereins (HBV)** entwickelte sich ab 1914 ein Sozialsystem zur Absicherung der Hafenarbeiter.

Der einzige Ausbildungsberuf im Hafen war der zum Warenkontrolleur, zum Küper. Seine Arbeit bestand traditionell im Wiegen, Messen und der Qualitätskontrolle. Als Fachkraft war er weit besser gestellt als der Hafenarbeiter. Auf der Basis seiner Qualitätsprüfung bestimmte sich der Preis an der Börse. In Hoch-Zeiten der Hafenwirtschaft gab es den Baumwoll-, Kaffee- oder Tabakküper.

↓ *Diese seltene Aufnahme um 1900 zeigt* ***Baumwollküper****, die sich für das Foto mit Kragen und Krawatte zeigen, beides war flexibel an- und abzulegen.*

← **Tabak-Küper** *bei der Arbeit: Aus Brasilien kam das kostbare Blatt. Es gab in Bremen etliche kleine Läden, in denen Zigarrenmacher in Handarbeit Zigarren herstellten und verkauften.*

↓ *Nicht die Küper, sondern die* **Weinküfer** *stehen hier im Vordergrund. Sie stellten die Weinfässer für die Lagerung der guten Tropfen her. (Aufnahme vor 1914)*

Der **Molenturm** – auch ‚Mäuseturm' genannt – am Ende des Wendebeckens ist heute so etwas wie das Symbol der Überseestadt: Mit dem Bau des Überseehafens und dem Ausbau des Wendebeckens wurde er als Leuchtfeuer auf die Spitze gesetzt und ist seitdem ein wichtiger Wegweiser und Orientierungspunkt für die Schifffahrt wie für die heutige Überseestadt.

↑ 1926 wurde er von einem Schiff gerammt und stark beschädigt. Er musste abgetragen und vollständig erneuert auf die Spitze gesetzt werden. 1929 steht er wieder wie zuvor!

Der Überseehafen wurde 1906 nicht vollständig bebaut. So konnte das Hafenbecken 1926 im hinteren rechten Bereich erweitert werden, was zu einer wesentlich breiteren Wasserfläche und zum Bau der Schuppen 15 und 17 führte. Mit der **Erweiterung des Überseehafens** wurde auch das Hafenkopfgebäude erstellt.

↓ *Die Luftaufnahme zeigt links den Überseehafen, beidseitig die Schuppen, auf der rechten Seite die Speicher XI und XIII hinter den Schuppen 11 und 13. Weiter rechts liegt fast parallel der Holz- und Fabrikenhafen. Die Holzhafenseite fällt durch die eher flachen Schuppen auf während auf der gegenüber liegenden Seite die Fabriken geradezu in den Himmel ragen.*

Das **Hafenkopfgebäude** hat den 2. Weltkrieg relativ gut überstanden und gehört damit heute zu den wenigen besonderen Vorkriegsbauten in der Überseestadt. Es erinnert gleichzeitig daran, dass hier einmal direkt vor dem Gebäude das Hafenbecken des Überseehafens lag. Um 1960 wurde das neue Hafenhochhaus hinter dem historischen Gebäude gebaut.

↓ *Im Hafenkopfgebäude befanden sich Versorgungseinrichtungen und -leistungen für den Hafenbetrieb: Die Polizei / Wasserschutzpolizei, das Hafengesundheitsamt, die Vergabestelle für die Liegeplätze, der Schiffsmeldedienst und Büros von Hafenbetrieben.*

Die **AG Weser** – Use Akschen – wie die dort Beschäftigten sie gerne nannten, erlebte in ihrer langen Geschichte Höhen und Tiefen. Wirtschaftliche und politische Krisen wirkten sich auf den Schiffbau aus.

1927 begann der Bau des **Turbinenschnelldampfers TS Bremen** im Auftrag des Norddeutschen Lloyd – eines der berühmtesten Passagierschiffe. Der Bau konnte aber die Werftenkrise im Rahmen der Weltwirtschaftskrise nicht verhindern. Ende der 1920er Jahre wurde die „Deschimag“, die Deutsche Schiff- und Maschinenbau Aktiengesellschaft gegründet. Mit ihr kam es zur Fusion von acht norddeutschen Werften, die damit ihre Selbständigkeit verloren – die A.G. »Weser« war mit dabei.

Nicht nur ziviler auch militärischer Schiffbau, vor allem im Ersten Weltkrieg und in der NS Zeit, fanden auf der Werft statt. Neben Kriegsschiffen wurden in erster Linie U-Boote gebaut. Nach dem Wiederaufbau florierte der Schiffbau besonders in Bremen bis in die 1970er Jahre. Die zweite große Werftenkrise führte aber Ende 1983 zur Schließung der AG Weser.

↑ *Überführung nach Bremerhaven, 1929*

↓ *Stapellauf der Bremen 1928*

1941–1949

I.3 Zerstörung und Nachkriegszeit

Zerstörung und Nachkriegszeit

↑ *Foto 2018*

Die größte Zäsur erlebte Bremen mit seinen Handelshäfen im **2. Weltkrieg**. Nachdem Hitler fast der ganzen Welt den Krieg erklärt hatte, wurden im Verlauf der Kriegsjahre zunehmend kriegswichtige Produktionen und Industrieanlagen zentrale Ziele der Alliierten. So wurde das Hafengebiet seit 1941 mehrmals bombardiert. Die Atlas-Werke auf der Muggenburg, die A.G. »Weser«, aber auch die Jute wurden schon vor dem verheerenden Angriff August 1944 getroffen und beschädigt.

↓ *Das Milchgeschäft der Familie Lunsken Auf der Muggenburg hatte neben dem Wohnhaus einen Anbau mit Stallungen für das Vieh. Der große* **Muggenburg-Bunker** *wurde um 1942 in die Hinterhöfe und Gärten gebaut. Herr Lunsken wurde Bunkerwart.*

← *So ist das Foto 1943 entstanden, das seine Tochter aufgenommen hat: Die Stallungen neben dem Wohnhaus wie viele andere Gebäude auf der Muggenburg wurden am 13. Dezember 1943 völlig zerstört.*

Die evangelische Diakonissenanstalt Bremen, das **Diakonissenhaus**, kurz ‚Diako' genannt, wurde 1868 durch einen Verein an der Fichtenstrasse (Muggenburg) gegründet. Zwischen 1878 und 1880 entstand der Neubau an der Nordstraße mit 400 Betten, der im Laufe der Zeit erweitert wurde. Das Krankenhaus hatte u.a. ein Schwesternheim, Pfarrhaus, Kinderhaus und Feierabendhaus.

↓ *Während des 2. Weltkrieges wurde der* ***‚Diako-Bunker'*** *in den Innenhof des damaligen Krankenhauses gebaut. Das Krankenhaus wurde schon ab 1940 durch Luftangriffe getroffen; im August 1944 wurde es völlig zerstört.*

Der Bunker wurde in den Kriegsjahren aber auch in der Nachkriegszeit bis 1950 als Krankenhaus genutzt. Das Diako fand vorübergehend in Findorff eine Bleibe, bevor es an seinem heutigen Standort an der Oslebshauser Heerstraße neu gebaut wurde.

Der **Diako-Bunker** an der Nordstraße ist Erinnerungsort, Mahnmal und Zukunftsprojekt zugleich: Nach Plänen (Stand 2018/19) wird der soziokulturelle Verein „Zuckerwerk" neuer Eigentümer, der den Bunker als kulturellen Ort und Veranstaltungszentrum nutzen möchte.

↓ Die Nordstraße mit dem Diako-Bunker am Kriegsende, 1945

Der schwerste Luftangriff, den die Stadt Bremen im 2. Weltkrieg vom **18. auf den 19. August 1944** erlebte, galt dem dicht besiedelten Wohngebiet Utbremen. Die Alliierten verfolgten 1944 die Strategie, die Bevölkerung zu zermürben, um den Widerstand gegen den Krieg zu verstärken, um ihn schneller zu beenden (das sogenannte ‚moral bombing'). Die Häfen, Teile von Findorff, das Stephaniviertel und die Doventors- und Bahnhofsvorstadt lagen im Umkreis und wurden ebenso völlig zerstört. **Phosphorbomben** führten zu einem ‚Feuersturm' im Bremer Westen. Es kam zu einer unvorstellbaren Brandentwicklung in der Fläche. Über 1000 Menschen starben bei dem Angriff, mehr als 50.000 hatten kein Dach mehr über dem Kopf, 25.000 Wohnungen waren zerstört. Die vielen Hochbunker (Muggenburg, Zwingli, Baumstraße, Nordstraße, Grenzstraße u.a.) hielten Stand.

→ Blick vom Muggenburg Bunker stadtauswärts nach dem August 1944 auf Teile der zerstörten Muggenburg, die Reismühle Gebr. Nielsen und die Atlas-Werke

↓ Nach dem 18./19. August 1944: Den Angriff im Muggenburg Bunker überlebt, draußen alles zerstört, das Bunkergepäck das einzige Hab und Gut.

← Blick auf einen Teil des zerstörten Westens am Kriegsende. Auf der Luftaufnahme ist der vordere Bereich des Europahafens gut zu erkennen. Links davon die zerstörte Muggenburg mit dem Gelände des Weserbahnhofs, oben am Bildrand der Beginn des Industriegürtels. Im Vordergrund das ehemalige Wohngebiet zwischen Baumstraße und Hansator.

Im Gegensatz zum Fabrikenufer des Holz- und Fabrikenhafens, wo etliche Gebäude überwiegend erhalten blieben, wurde der Überseehafen und die dahinter liegende Holzhafenseite zerstört. Im Bild die Speicher XI und XIII, wobei letzterer stark beschädigt wurde. Nach dem Krieg wurden sie umgehend wieder hergestellt und die Lücke zwischen den Speichern geschlossen.

Am **Kriegsende** hieß es mutig sein, anpacken und nach vorne schauen, auch wenn die Lebensbedingungen hart waren. Was für die einen Befreiung vom Faschismus war, war für die anderen die ‚Stunde Null'. Doch alle waren froh, dass der Krieg endlich vorbei war.

↓ Im Bild (Nähe Baumstraße / heute beim Kaffee-Quartier) wird aufgeräumt. Rechts am Bildrand ist der Diakonissenbunker zu erkennen.

Wer dazu in der Lage war, baute sich auf dem alten Grundstück ein Behelfsheim oder zog auf die Parzelle. Viele wollten bleiben.

↓ *Auf dem Foto, aufgenommen vom Muggenburg Bunker, sind einige der* **Behelfsbauten** *zu erkennen. Man war froh, wenn man ein Dach über dem Kopf hatte, egal wie klein oder provisorisch der Schuppen war. Auf dem Bild sind auch kleine Gärten für den Gemüseanbau zu erkennen; so ein Stückchen Land war überlebenswichtig. Die Muggenburger mussten aber ihre Grundstücke wieder verlassen. Die Politik entschied, dass rund um die Häfen ein neues großes Gewerbegebiet entstehen sollte. Wer nicht freiwillig ging (mit einer Entschädigung) wurde zwangsenteignet. Eine Ausnahme bildete das Wied- oder Heimatviertel neben dem Jute-Gelände, das wieder aufgebaut wurde.*

Bremen wurde 1945 amerikanische Enklave. Die Häfen und die Stadt profitierten davon.

Nicht nur dass Care-Pakete direkt in Bremen ankamen, die US-Amerikaner bauten den Überseehafen umgehend wieder auf, um ihn als zentralen Umschlagshafen für Waren aus den USA zu nutzen – nicht nur für Bremen, sondern für die gesamten alliierten Zonen.

1948, also drei Jahre nach Kriegsende, standen schon die Schuppen am Überseehafen und waren voll funktionsfähig. Mit dem **Marshall-Plan** kamen wieder Baumwollballen und Kaffeesäcke in Bremen an und wurden am Überseehafen gelagert. Man sieht auf dem Foto beim Entladen der Kaffeesäcke, dass die Arbeiter streng kontrolliert wurden. Kaffee war kostbar und eine heiß begehrte Ware auf dem Schwarzmarkt.

So wurde der Überseehafen als erster der beiden Freihäfen wieder in Betrieb genommen, während der Europahafen noch einige Zeit auf seine Sanierung warten musste.

Der Hafen sicherte das Überleben – in vielerlei Hinsicht. Die Wirtschaft wurde aufgebaut, es gab Arbeit, und in den Zeiten großer Not gab es am Hafen Lebenswichtiges: So blühten **Schwarzmarkt und Schmuggel**.

Deshalb gab es strenge Kontrollen beim Passieren der Zollgrenze am Hafen. Auch wenn der Erfindungsreichtum groß war (Kaffeebohnen in der Mütze, Zucker im Schuh), wenn man erwischt wurde, gab es keinen Pardon und man wanderte umgehend für 4 Wochen ins Gefängnis.

↓ *Karte aus den 1970er Jahren*

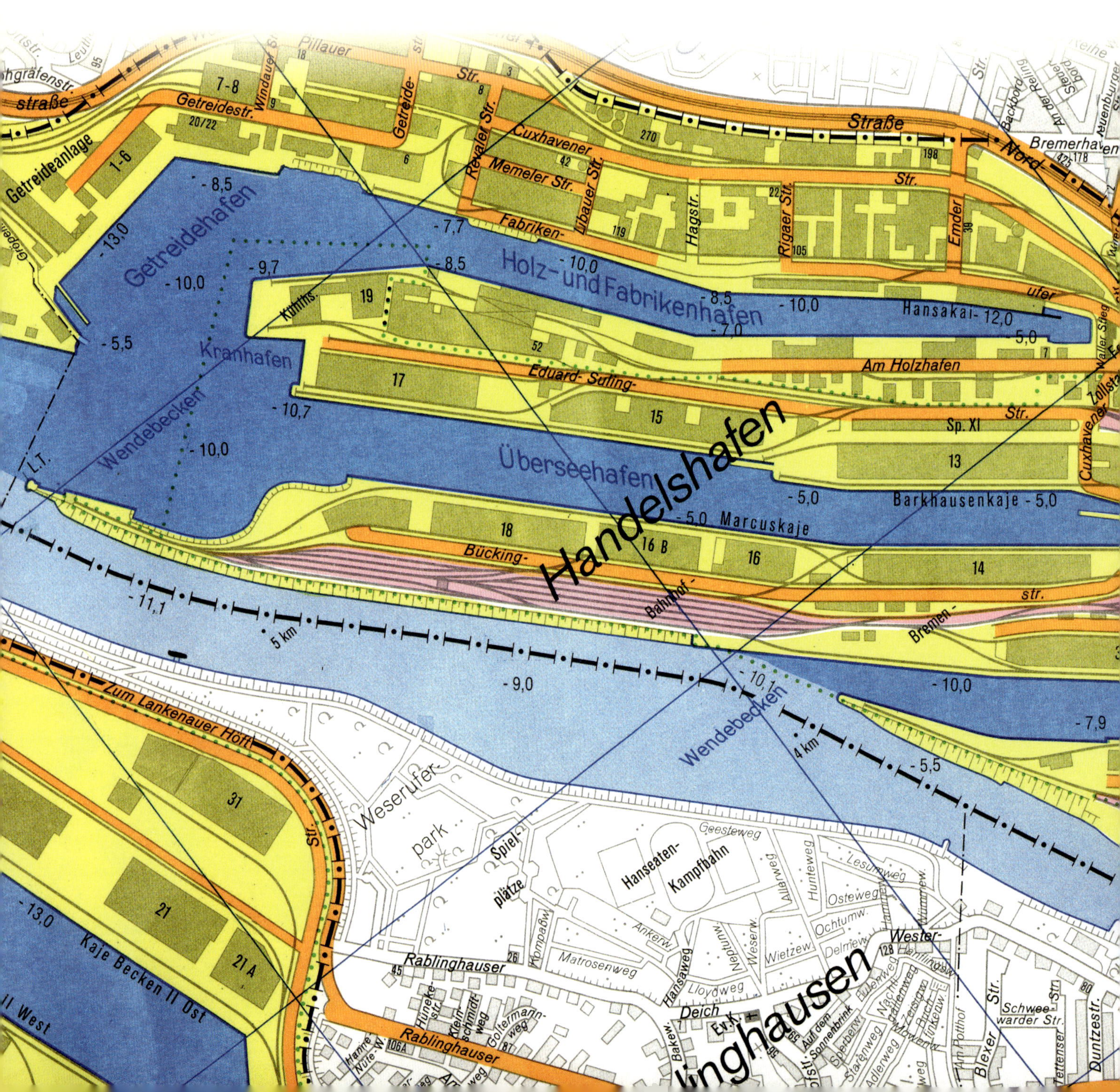

II. VOM WIEDERAUFBAU BIS ZUM STRUKTURWANDEL 1950–1989

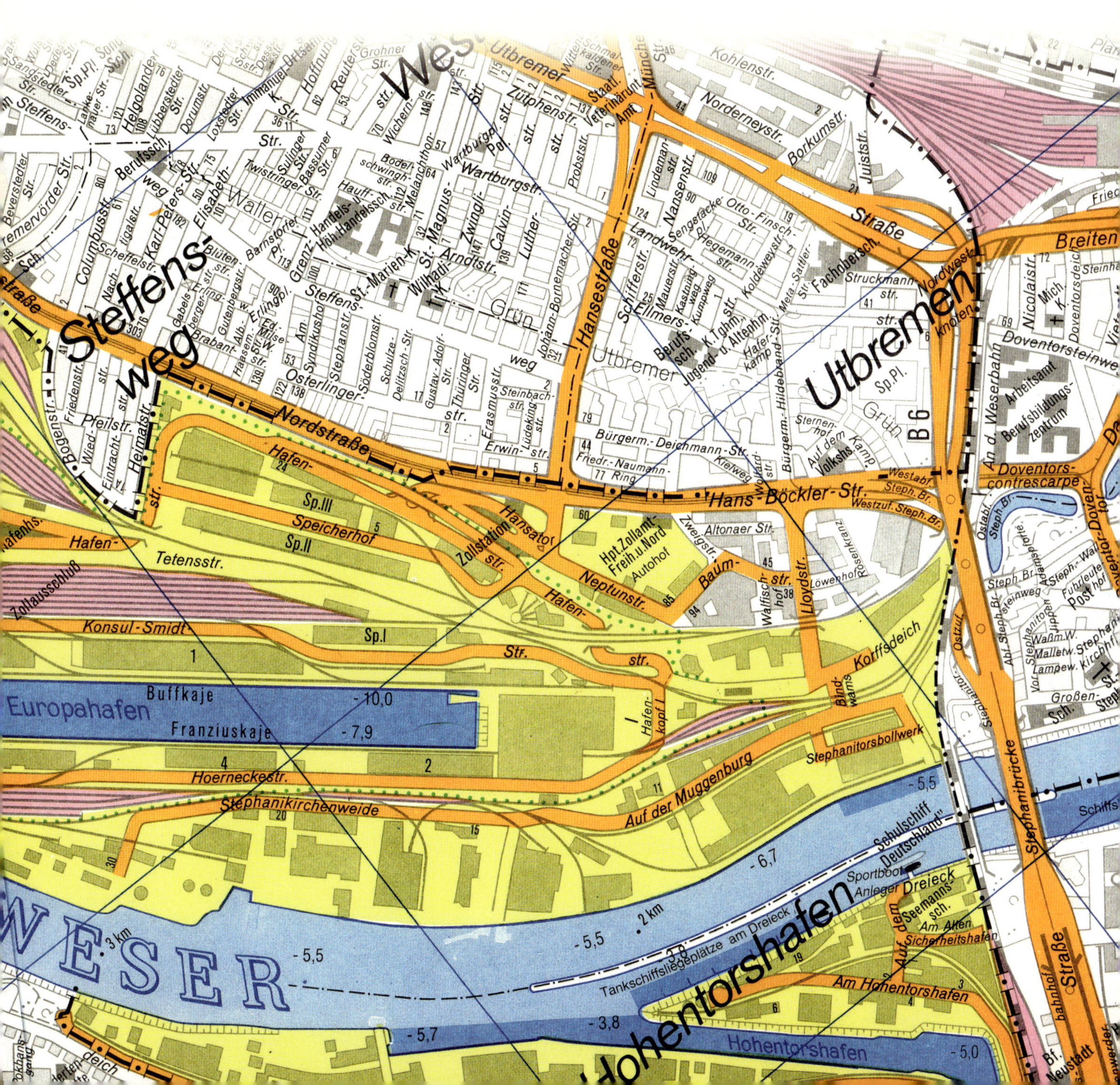

1950–1959

II.1 Wiederaufbau – Es geht bergauf

Wiederaufbau

„Erst der Hafen, dann die Stadt“ – das berühmte Zitat von Bürgermeister Wilhelm Kaisen machte klar: Erst muss die Wirtschaft wieder in Gang kommen, danach der Wohnungsbau. Der Überseehafen wurde der Hafen Nummer Eins beim Wiederaufbau.

↓ *Unten im Bild links der Neubau des Bürotrakts; hier beginnt heute der Eingangsbereich der Hochschule für Künste.*

Die historischen **Speicher XI und XIII am Überseehafen** wurden nach 1945 wieder hergestellt. Vor allem der Speicher XIII war stark beschädigt. Man entschloss sich beide Speicher zusammen zu bauen und die vorhandene Lücke mit einem Bürotrakt zu schließen. So entstand der ‚vereinigte' Speicher XI mit über 400 m Länge.

← *Auf diesem Foto Anfang der 1950er Jahre blickt man auf den Überseehafen stadteinwärts. Die Schuppen 13 (links) und 14 (rechts) sind betriebsbereit, das Hafengebäude blieb erhalten, allerdings ohne Dach. Ganz links ist die Energieleitzentrale zu erkennen, im Hintergrund linke Seite das Heimatviertel, die Ruine der Wilhadikirche, Restgebäude der ‚Jute'. Auf der rechten Seite kann man das Gebäude des Schuppen 1 am Europahafen erahnen.* **Der Europahafen liegt noch weitgehend im ‚Winterschlaf'.** *Der Wiederaufbau begann erst in den 1950er Jahren.*

→ *Die Firma* **Steinbrügge & Berninghausen** *am Holzhafen baut ihre Hallen neu auf.*

→ **Kühlhaus** *links, im Hintergrund rechts die Getreideverkehrsanlage.*

Beim Wiederaufbau der Holzhafenseite des Holz- und Fabrikenhafens wurde Ende der 1940er Jahre zum Wendebecken hin ein erstes Kühlhaus gebaut. Es war hochmodern, weil diese Art der Kühlung von Waren in großem Stil erst entwickelt wurde. Allerdings wurde in erheblichem Ausmaß Asbest verarbeitet. Auch deshalb gibt es bisher keine neue Nutzung für das Gebäude.

↓ *Am Hafenkopf die kleine Lloyd Gaststätte (heute das* ***‚Hafen Casino‘****, ganz früher Hillmann's Hotel) – gegenüber ein Taxi-Stand Anfang der 1960er Jahre.*

Direkt am Kopf des Holz-und Fabrikenhafens befand sich schon immer eine kleine Gastronomie. Alle Hafenarbeiter gingen von der Nordstraße durch den Waller Stieg und kamen am Holzhafen vorbei auf ihrem Weg durch den Zoll zum Überseehafen.

Ungefähr schräg gegenüber bei der Ecke Cuxhavener-/ Tilsiter Straße befanden sich das **Zollhaus** und der **Durchgang zum Überseehafen**.

↓ *Auf dem Bild blickt man Richtung Überseehafen und Schuppen 13. Im Hintergrund sieht man die Kräne am Überseehafen und das Gebäude der Energieleitzentrale. Im Vordergrund der Zoll-Durchgang zum Überseehafen.*

Die **Stauerei Heinrichs GmbH & Co KG** – heute Heinrichs Holding GmbH – wurde schon 1859 von Dietrich Heinrichs gegründet. Sie war auf das Be- und Entladen von Schiffsfrachten spezialisiert. Immer nah am Puls der Zeit veränderte sich das Stauen von schwerer körperlicher Arbeit zu mehr Technikeinsatz: vom Gabelstapler und Lösch- und Ladegeschirr in den 1960er Jahren bis hin zu einem eigenen Fuhrpark sowie Teleskopmaschinen und dem Vertrieb. Der Hauptsitz des Unternehmens befand sich seit den 1950er Jahren an der **Cuxhavener Straße 7**, gleich neben der Zolleinfahrt.

Seit 1996 befindet sich der D. Heinrichs Stauereibetrieb am Neustädter Hafen und in Bremerhaven. Die Heinrichs Holding GmbH besteht aus neun verbundenen Gesellschaften mit insgesamt 450 Mitarbeitern und Mitarbeiterinnen.

Mit der Überseestadt ist mit dem ‚HafenRevueTheater ' und dem ‚SchwarzLichtHof' Kultur in das ehemalige Stauereigebäude an der Cuxhavener Straße eingezogen.

↓ *Aufnahme 1998 und (unten) in den 1960er Jahren*

←↓ Blick in die Tilsiter Straße um 1950 und 2018

1950 wurde das Verwaltungsgebäude und die Verteilerstelle des Gesamthafenbetriebsvereins (GHBV) an der **Tilsiter Straße** neu gebaut, gleich neben dem Zolltor zum Überseehafen. Der Hafenbetriebsverein (HBV) gründete sich schon 1914 als Arbeitgeberverband für die am Hafen Beschäftigten, weil damals unhaltbare Zustände bei der Hafenarbeit herrschten: Es gab nur wenige ständig beschäftigte Hafenarbeiter, die größere Anzahl waren die ‚Unständigen', die weder sozial- noch krankenversichert waren und je nach Bedarf angeheuert wurden. Viele Arbeitgeber aus dem Hafen waren an der Gründung beteiligt. Als HBV war es ihre Aufgabe, Tarifverträge auszuhandeln und die Arbeitsvermittlung zu übernehmen. Das Gebäude wird heute weiterhin vom GHBV und dem UBH (Unternehmensverband Bremische Häfen) genutzt.

Gegenüber dem HBV, auf der anderen Seite der Tilsiter Straße, hatte die **Baumwollküperei Wilhelm Müller** ihr Grundstück.

Nach dem Krieg musste sie ganz von vorne anfangen, weil das Gelände stark zerstört war. Zunächst wurde nur eine Holzbaracke errichtet, in den 1950er Jahren die Baumwollküperei wieder aufgebaut. Hauptgeschäft war die Qualitätskontrolle der Ware.

→ Baustelle Anfang der 1950er Jahre

← Kaffeehalle im Freibezirk um 1900

↑ *Ottilie-Hoffmann-Haus an der Barkhausenkaje am Überseehafen, 1950er Jahre*

↓ *Für Hafenarbeiter gab es einen Ruheraum.*

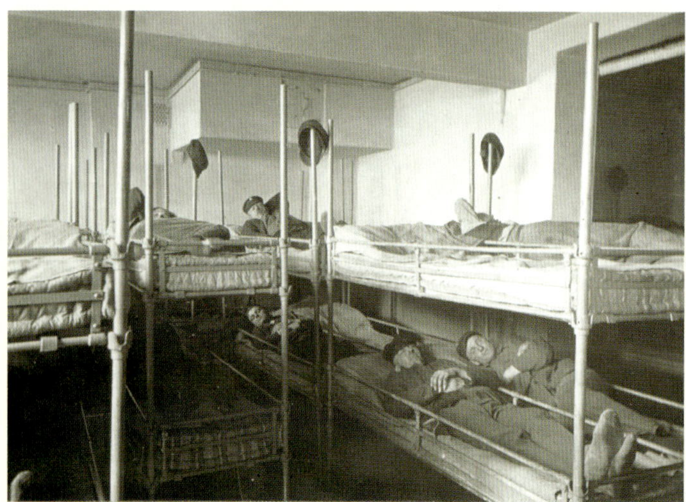

Die **‚Anbiethallen'** sind berühmt. Sie waren eine Art günstiger Mittagstisch bzw. eine Kantine vor Ort und für die Versorgung der am Hafen Beschäftigten zuständig. Bis 1945 gab es ausschließlich alkoholfreie Gaststätten innerhalb des Freihafengebietes, geführt von den Ottilie-Hoffmann-Häusern.

Ottilie Hoffmann hatte schon 1900 mit dem Bremer Mäßigkeitsverein die erste Kaffee-Halle am Freihafen I eröffnet. Später gab es auch im Keller des Verwaltungsgebäudes am Überseehafen eine beliebte Gaststätte die vom Frauenbund für alkoholfreie Kultur betrieben wurde.

Nach 1945 kam es zum Konflikt mit dem Sozialwerk der Hafenarbeiter, das nun auch Anbiethallen innerhalb des Hafengebietes mit Alkoholausschank forderte. Der Streit führte letztlich zum sogenannten **„Bierkrieg im Hafen"**. So erschienen im Weser Kurier vom Oktober 1950 bis Oktober 1951 etliche Artikel, die sich mit diesem politisch ausufernden Streit auseinandersetzten. Alle Parteien und Verbände debattierten mit. Am Ende kam es zum „Frieden zwischen Bier und Most": Die Kantine des Sozialwerks mit Bierausschank kam in das Verwaltungsgebäude, das Ottilie-Hoffmann-Haus wurde an der Barkhausenkaje zwischen Schuppen 15 und 17 eröffnet.

In beiden Kantinen gingen täglich 100 bis 250 warme Mahlzeiten über den Tisch.

Was im Hafengebiet während der Arbeit noch für viel Diskussionsstoff sorgte, war nach der Arbeit kein Thema mehr.

Von der Nordstraße / Höhe Waller Ring gelangte man über einen Weg zur **Wißmannstraße**. Von hier aus ging es weiter durch den **Waller Stieg** zum Holz- und Fabrikenhafen, zum Zoll und zum Überseehafen. Der Waller Stieg war ein Tunneldurchgang, mit Treppen zum Holzhafen hin.

Ab den 1950er Jahren war das *der* Zugang zum Hafen und damit entwickelte sich die **‚Küste'** mit ihren vielen Gaststätten und Etablissements zur berühmt-berüchtigten Vergnügungsmeile.

Ob **‚Golden City‘**, ‚Roter Elefant‘, ‚Krokodil‘, ‚Mutti Weiß‘ und etliche weitere Gaststätten im Umfeld: Hier boomte das Vergnügen, hier kamen die Seeleute aus aller Welt an. Und das Bedürfnis, nach Krieg und Zerstörung das Leben zu genießen und Geld zu verdienen, war groß. Dennoch: Die Arbeit auf der kleinen Meile war hart, nicht immer ungefährlich und geschah durchaus auch aus Not.

← Leutweinstraße

↓ ‚Golden City‘ Ecke Nord- / Wißmannstraße

Da die **‚Küste'** sich in unmittelbarer Nähe zu Wohnhäusern und Schulen befand, gab es auch kritische Stimmen zur ‚Meile'.

Die Stadt hatte in den 1960er Jahren das Interesse, die Meile mehr ins Hafengebiet zu verlagern, wobei die Hoch-Zeiten ohnehin dem Ende entgegen gingen. Mit den Containern und den kürzeren Liegezeiten der Schiffe wurde es schnell ruhiger.

Auch der 4-spurige Ausbau der Nordstraße in den 1970er Jahren und die Erweiterung des Hafengebiets beim Holz- und Fabrikenhafen trugen zum Niedergang der ‚Küste' bei. Die Wißmannstraße (im Bild unten) verschwand mit ihren Häusern, nicht zuletzt auch die Eckkneipe ‚Mutti Weiß'. Geblieben ist das eine oder andere Etablissement an der Nordstraße / Höhe Leutweinstraße.

Geblieben aus dieser Zeit ist auch der Name **‚Waller Stieg'**, der heute allerdings oberirdisch über den Damm in die Überseestadt führt.

Ende der 1940er / Anfang der 1950er Jahre begann die Stadt mit dem **Wiederaufbau des Europahafens**. Da er im Krieg völlig zerstört wurde, gab es dort keine historischen Bauten mehr. Der **Speicher 1** war das erste Gebäude, das schon um 1950 fast fertig gestellt war. Mit seinen gut 200 Metern Länge und mit einer Gesamtfläche von ca. 36.000 m² auf fünf Stockwerken war er ein besonderer Bau. Rangierflächen, auch für LKWs, wurden hier bewusst vor dem Speichergebäude eingeplant.

Im Anschluss wurde auf der gegenüberliegenden Seite mit dem Bau des **Schuppen 2** begonnen, der 1954 fertig gestellt war. Hier wurde viel Wein umgeschlagen. Nach dem Speicher 1 war er das zweite Gebäude, dass um 2005 saniert und neuen Nutzungen zugeführt wurde: Lichtdurchflutete Büros, ein Eventloft, die Silberwarenmanufaktur Koch & Bergfeld sowie ‚Piekfeine Brände' sind hier eingezogen.

Das größte Bauprojekt am neu entstehenden Europahafen war der **Schuppen 1**.

Er hat eine Länge von gut 400 m, die Höhe der Betonsockel beträgt 9 m, und er wurde doppelstöckig gebaut, wie schon der Schuppen 6 auf der gegenüberliegenden Seite. Architektonisch interessant ist auch der **‚Hartmann Turm'** und der an die Gleise angepasste halbrunde Bau auf der hinteren Seite. 1959/60 wurde er fertig gestellt und wie auf dem Foto zu erkennen, war der Bedarf so groß, dass ein Teil schon genutzt wurde, obwohl das Obergeschoss noch nicht ganz fertig war.

↓ *Kranbahn und Kräne am Europahafen – rechts ist der Speicher 1, im Hintergrund der Schuppen 1 zu erkennen.*

Der **Schuppen 3** wurde schon 1954 gebaut: Er hatte mit seiner besonderen Länge und einer Fläche von 22.000 m² beachtliche Ausmaße und existiert heute (2019) nicht mehr. Das Gelände wurde an einen Investor verkauft und es werden hier neue Wohnungen und Büroflächen entstehen.

Auf der gegenüberliegenden Seite wurden die Schuppen 4 und 6 gebaut, wobei der 1956 fertig gestellte **Schuppen 6** (im Bild) ein besonderer doppelstöckiger Bau war, eine Art Mischung aus Schuppen und Speicher. Durch die damit gewonnene doppelte Staufläche konnten mehrere Schiffe direkt vor dem Schuppen be- und entladen werden. Die Schuppen 4 und 6 gehören heute (Anfang 2019) zum Betriebsbereich der Spedition Vollers.

Auf der Höhe des Eduscho-Geländes befand sich das **Zollamt zum Europahafen**. Es gehört zu den 1950er Jahre Bauten, die heute noch in der Überseestadt stehen und einer anderen Nutzung zugeführt wurden.

↑ *Links und rechts vom Zollamt ist der Zollzaun zu erkennen. Da der Kopf des Europahafen zu dieser Zeit noch nicht für die Ro-Ro-Anlage verfüllt war, war das Hafenbecken wesentlich länger und reichte fast bis hierhin.*

Ein paar Schritte vom Zollamt Europahafen entfernt befand sich die **Verteilerstelle des Gesamthafenbetriebsvereins (GHB)**, der Arbeitgeber für die Hafenarbeiter. Das Gebäudeensemble wurde Ende der 1950er Jahre gebaut. Das viereckige Büro- und Wohngebäude fußt auf einem imposanten Betonsockel, in dem sich auch Unterrichtsräume für den Hafenbetriebsverein befanden. Der Unterstand wurde für Fahrräder und Parkplätze genutzt. Dieser ungewöhnliche Bau des Architekten **Carsten Schröck** steht heute etwas versteckt auf dem ehemaligen Eduscho-Gelände.

↑↓ *Die sechseckige Halle, in der sich die Hafenarbeiter versammelten, um einen Arbeitsplatz am Hafen zu erhalten, gibt es heute nicht mehr.*

Auf der Muggenburg, direkt in damaliger Hafenkopfnähe, wurde ebenfalls gebaut. Die große **Weinhandlung Reidemeister & Ulrichs** siedelte 1951 neben der Schellackfabrik Stroever an – ungefähr gegenüber dem Muggenburg Bunker. Die Weinhandlung wurde schon 1831 gegründet. Auf dem historischen Bild unten erkennt man im Hintergrund den Speicher 1 und die Masten eines Segelschiffs, wahrscheinlich des Schulschiffs Deutschland. Die Weinhandlung hatte direkten Zugang zum Hafenbecken. Der Wein wurde später sogar in Rohren vom Schiff in die Weinhandlung gepumpt. Der Erweiterungsbau entstand 1962.

2004 fusionierte Reidemeister & Ulrichs mit der Weinhandelsfirma Eggers & Franke; der Firmensitz auf der Muggenburg wurde aufgegeben.

→ *Auf dem Gemälde aus der Weinhandlung sieht man sehr schön den Anbau und die Lage in Hafennähe.*

Die Schellackfabrik **Stroever GmbH & Co KG** wurde schon 1893 gegründet und zählt zu den ältesten Industrieunternehmen in der heutigen Überseestadt. Nach starken Kriegszerstörungen wurde sie am gleichen Standort wieder aufgebaut. Anfang 2018 feierte sie ihr 125-Jähriges Jubiläum.

Wer kennt sie nicht, die gute alte Schallplatte, die zunächst aus Schellack hergestellt wurde?

Schellack ist ein Naturprodukt aus Indien und wurde für die Holzbearbeitung als Naturlack entdeckt. Heute ist die Schellack Fabrik Stroever (SSB) GmbH & Co KG die einzige Produktionsstätte für Schellack europaweit. Neue Anwendungen wurden für die Nahrungs- und Genussmittelindustrie sowie für die Pharma- und Kosmetik-Industrie entwickelt. So sind z.B. auch Süßigkeiten mit Schellack überzogen („Schmilzt im Mund und nicht in der Hand“) oder z.B. Tabletten, damit sie sich erst im Magen auflösen.

Ende der 1940er Jahre fanden mehrere Um- und Ausbauten der **Getreideverkehrsanlage** statt, die so zur modernsten in Europa wurde. Auch in der Folgezeit wurde der Bau mehrfach erneuert und durch Silos und Schuppen erweitert, die ein enormes Fassungsvermögen für den Umschlag und die Lagerung von Getreide aufwiesen.

↓ *Foto von 1959*

← *Heute beginnt hier von der Innenstadt westwärts die Überseestadt mit dem Kaffee-Quartier und dem Weser Tower, im Hintergrund das Kellogg-Gelände.*

Das **Gelände des Weserbahnhofs** – auf der Fläche zwischen Eisenbahnbrücke und Muggenburg Bunker – wird Anfang der 1950er Jahre wieder aufgebaut und wesentlich erweitert.

Kleinere Seeschiffe und Binnenschiffe legten für den Umschlag am Weserbahnhof an.

Auch wenn die Bahnanbindung zentral war, wurde der LKW-Verkehr mit einbezogen und es wurden entsprechende Freiflächen dafür geschaffen.

→ *Blickrichtung Innenstadt auf das Weserbahnhof-Gelände mit Schuppen und Gleisen, linke Seite der Muggenburgbunker. Ungefähr auf dieser Fläche finden heute die Bauarbeiten für einen Teil der ‚Überseeinsel' statt.*

← *Foto Anfang 2019*

↑ *Die Kräne an der Kaimauer verdeutlichen, dass der direkte Umschlag von der Weser auf die Bahn zu dieser Zeit mit moderner Technik fortgesetzt wurde; auch gab es mit den großen Schuppen ausreichend Lagerflächen. Der Weserbahnhof war auf den Sammelladungsverkehr spezialisiert.*

Beim Wiederaufbau des Industriegürtels zwischen Weser und Europahafen übernahm 1963 die **Kellogg GmbH** die Flächen der Reismühle Nielsen und die Rickmers Reismühle an der Spitze der Halbinsel. Die Gleise führten zum Weserbahnhof.

↑ *Im Vordergrund erinnert nichts mehr an das frühere kleine Wohngebiet der Muggenburg. Die Erweiterung des Hafengeländes ist zu dieser Zeit abgeschlossen.*

Als sich der Tabakhandel mit Indonesien Ende der 1950er Jahre von den Niederlanden nach Bremen verlagerte, wurde hier die Deutsch-Indonesische Tabak- Handelsgesellschaft (DIHT) gegründet und nach Plänen von Erik Schott die **Tabakbörse am Speicherhof 1** gebaut. Die Innenaufnahme zeigt die vollklimatisierte Sheddachhalle im Jahr 1965, in der bei Auktionen die Tabakbündel (Doggen) ausgelegt wurden. Damals wurden in der Börse 60.000 Ballen mit einem Wert von 250 Mio. DM pro Jahr versteigert. An jeder Auktion nahmen 300 bis 400 Personen teil. 2013 wurde das Gebäude unter Denkmalschutz gestellt. Da heute der Raumbedarf für die nur noch geringen Tabakmengen zurückgegangen ist, nutzen das Bremer Bühnenhaus und das Atelier Bremer Tabakbörse einen Teil der Flächen.

Höhe Hansator wurde in den 1950er Jahren ein weiterer **Zolleingang in Richtung Überseehafen** gebaut. Bei dem kleinen Flachbau befand sich eine Durchfahrt, wo PKWs und LKWs kontrolliert wurden, das große Zollgebäude enthielt die Verwaltung.

Der Stückgutumschlag war in den bremischen Häfen von zentraler Bedeutung. Ob Baumwollballen, Teekisten, Kaffeesäcke, alles war arbeitsintensives Stückgut. Viele Menschen fanden deshalb in dieser Zeit Arbeit am Hafen.

Die Hafenarbeit war immer noch schwere körperliche Arbeit. Sie erforderte viel Kraft und Geschicklichkeit. In den 1950er Jahren sah es mit dem Arbeitsschutz noch nicht gut aus: keine Handschuhe, kein Helm, keine Spezialschuhe …

↖ *Tabak gab es sowohl in Ballen als auch schon in Fässern. Hier werden Virginia Tabakfässer aus einem Schiffsbauch entladen. (Foto Februar 1953)*

Da der Europahafen in den 1950er Jahren noch nicht richtig in Betrieb gehen konnte, war der **Überseehafen** voll ausgelastet.

↓ *Hier werden* **Kaffeesäcke**, *wahrscheinlich beim Schuppen 14, umgeschlagen. Dahinter, beim Schuppen 13, liegen die Schiffe „Dortmund" und M.S. „Atlas Maru", ganz im Hintergrund ist der Speicher XI zu erkennen. (Foto Januar 1953)*

Der Hafen benötigte sehr viele Arbeitskräfte. In den 1950er Jahren war die **Sackkarre** noch das Haupttransportmittel. **Ballen mit Schafwolle** werden hier entladen und auf die Sackkarre gehievt.

Beim Be- und Entladen wurde das Stückgut ‚gelascht', d.h. es wurde mit dem Stauhaken und Seilen gebündelt. Wenn es über die Kaikante kam, war es die Aufgabe des **‚Tallymann'**, den äußeren Zustand und die Menge der Ware zu überprüfen.

← Zementsäcke werden am Überseehafen, beim Schuppen 14, mit der Spedition Pape & Meyer verladen. (Foto 1950)

Bremen war beim **Umschlag von Baumwolle** der zentrale Hafen für ganz Europa.

Schon im Jahr 1950 wurden 1 Millionen Ballen Baumwolle eingeführt und umgeschlagen. Den Ballen mit der Sackkarre zu hieven, war körperliche Schwerstarbeit, er wog um 200 kg.

Es war die Aufgabe der **Baumwollküper** die Baumwolle zu wiegen, Proben zu ziehen und die Ware zu beurteilen. Dies wurde direkt vor Ort in den Schuppen am Überseehafen vorgenommen.

In Bremen gab es nach dem Krieg neben den großen Unternehmen wie Eduscho und Kaffee HAG mehr als 200 kleine Röstereien.

Noch heute ist Bremen eine **Kaffeestadt**, auch wenn internationale Konzernstrukturen vorherrschen.

↑ *Der Kaffeeküper bei der Arbeit. Nicht nur in den Schuppen, auch im Speicher XI wurden Kaffeesäcke gelagert und die verschiedenen Sorten geprüft. (Foto Anfang der 1950er Jahre)*

BLG

↑ Der **Kranführer** *musste im richtigen Augenblick schweres Gut an den richtigen Ort lenken und steuern – eine verantwortungsvolle Aufgabe. Im Bild Günther Domazke im Kranführerhaus am Überseehafen, 1956*

← *Kaffeesäcke werden in einem der Schuppen gestapelt und gelagert, auch keine leichte Arbeit.*

↑ *Blick von der Brücke am Hafenkopf auf den boomenden Überseehafen, wo Schiff an Schiff liegt. (Foto Ende 1953)*

↑ *Hier geht der Blick in die entgegengesetzte Richtung von der Brücke auf das historische* **Hafenkopfgebäude**. *Besonders gut zu erkennen ist die Hafenmauer mit den wiederum typischen Basaltsteinen. (Foto Ende 1953)*

↑ *Foto Europahafen 1957*

Nachdem fast alle Schuppen am **Europahafen** fertig gestellt waren, florierte auch hier der Umschlag, vor allem mit Früchten und Wein.

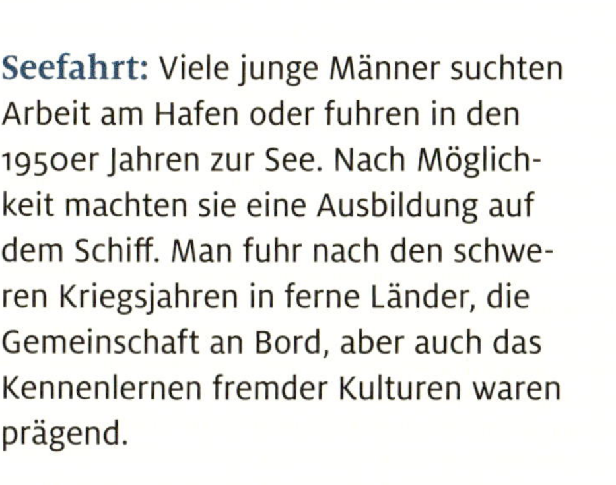

Seefahrt: Viele junge Männer suchten Arbeit am Hafen oder fuhren in den 1950er Jahren zur See. Nach Möglichkeit machten sie eine Ausbildung auf dem Schiff. Man fuhr nach den schweren Kriegsjahren in ferne Länder, die Gemeinschaft an Bord, aber auch das Kennenlernen fremder Kulturen waren prägend.

1960–1969

II.2 Der Hafen boomt

Der Hafen boomt

↘ *Im Vordergrund links der Europahafen mit den Schuppen 2, 4, 6 auf der linken, mit dem Speicher 1, Schuppen 1 und 3 auf der rechten Seite. Auf der Halbinsel zwischen Europahafen und Weser liegt das Industrie- und Gewerbegebiet; das Kellogg Gelände ist nicht mehr im Bild. In der Bildmitte das Gelände der heutigen Spedition Vollers mit dem Speicher 2, rechts davon Reste des ehemaligen ‚Jute'-Geländes; dahinter liegt das Wiedviertel. Die beim Wiederaufbau 4-spurig ausgebaute Nordstraße mit den Gleisanlagen für die Straßenbahn in der Mitte trennt deutlich das ausgebaute Hafen-Gewerbegebiet von den eigentlichen Waller Wohnvierteln und dem Wiederaufbaugebiet Utbremen. Entlang der Nordstraße, auf der Hafenseite, zieht sich ein grüner Damm entlang. Was bis heute eher dem Lärmschutz dient, sollte damals ein Damm für eine Hafenbahn werden, die aber nicht verwirklicht wurde. Erst in den 1970erJahren wurde der Damm im Zuge des Ausbaus der Nordstraße in Richtung Waller Ring verlängert.*

In der Bildmitte weiter oben liegt der Überseehafen mit den Schuppen 14,16,18 linke, 13, 15, 17 rechte Seite, hinter Schuppen 13 der historische Speicher XI. Am Hafenkopf ist das neue Hafenhochhaus zu erkennen, das 1960 fertig gestellt wurde. Rechter Hand der Holz- und Fabrikenhafen. Im Hintergrund das Wendebecken mit dem Werft- und Getreidehafen, dahinter die Industriehäfen. Dominant sind die riesigen Gleisanlagen, die durch das gesamte Hafengebiet verlaufen. Oben links wird der Neustädter Hafen gebaut. Mit ihm sollten der Europa- und Überseehafen entlastet werden.

↑ *Der* **Überseehafen** *in den 1960er Jahren. Am Hafenkopf befindet sich das neu errichtete* **Hafenhochhaus** *mit den dahinter liegenden historischen Bauten, die im Zuge der Überseestadtentwicklung verschwunden sind. Die Schuppen 14, 16 und 18 liegen auf der linken, die Schuppen 13, 15 und 17 auf der rechten Seite. Hinter dem Schuppen 13 ist der Speicher XI zu sehen, im Hintergrund am Wendebecken der Bockkran der A.G. »Weser«, dahinter die Industriehäfen. Die riesigen Flächen an Gleisanlagen verdeutlichen, welche Bedeutung die Bahnanbindung für den Hafenumschlag hatte.*

↑ ‚Schiffe gucken' am Wochenende
Es war üblich, dass Bremer Familien ihren Sonntagsspaziergang im Hafengebiet machten. An diesem Tag konnte man leicht durch den Zoll gehen und Schiffe aus aller Welt bewundern, wie hier am Überseehafen.

Der **Europahafen** hatte auch ein Leuchtfeuer genau an der Spitze der Halbinsel, dort wo sich Weser und Hafeneinfahrt treffen. Diese seltene Aufnahme wurde Anfang der 1960er Jahre gemacht. Heute steht an ungefähr dieser Stelle der 67 m hohe Landmark Tower.

Der Hafenumschlag brummt: Beide Freihäfen sind so ausgelastet, dass die Stadt auf der gegenüberliegenden Weserseite den Neustädter Hafen in Planung nahm. Dafür musste das Dorf Lankenau verschwinden. Der Container war noch nicht in Sicht und der Stückgutumschlag, auch mit Schwergut, noch sehr gefragt.

Im Folgenden ‚Augenblicke' aus dieser Zeit, eingefangen von dem **Fotografen Werner Krysl**.

↑ *Immer noch mit der Sackkarre werden die schweren Baumwollballen in den Schuppen geschoben. (April 1962)*

→ *Umschlag von Kaffeesäcken (April 1962)*

↓ *Schweres Stückgut: Diese Rohre wurden im Dezember 1962 am Europahafen umgeschlagen. Trotz der schweren und sperrigen Ladung tragen die Arbeiter noch keinen Helm.*

→ *Schiffe liegen dicht hintereinander am Europahafen Höhe Schuppen 1 und Speicher 1. (Juni 1963)*

↓ *Umschlag von Schwergut im Dezember 1962 am Europahafen*

Im September 1963 wurde in den **Industriehäfen** die neue **Viehumschlagsanlage** feierlich eröffnet. Es handelt sich dabei um eine Spezialanlage zur Anlandung von Schlachtvieh. Ein beweglicher Steg stellt die Verbindung zum Schiff her.

Gleich neben der Getreideverkehrsanlage lag der **Werfthafen mit der A.G. »Weser«** – heute das Gelände der ‚Waterfront'.

In den 1960er Jahren konnte sich noch niemand vorstellen, dass diese große Tradition des Schiffbaus 1983 zu Ende ging. Für den Stadtteil Gröpelingen, wo sehr viele Werftarbeiter ihr Zuhause hatten, war dies eine Katastrophe.

↖ *Stapellauf: Im Mai 1963 wird ein Schiff auf Jungfernfahrt geschickt, wie man sieht unter großer Beteiligung von Arbeitern und Honoratioren.*

↑ *Die Modernisierung des Schiffbaus schreitet voran: Auf dem Foto vom Februar 1967 stehen schon die neuen* **Bockkräne**, *die von Weitem zu sehen waren. Das Schiff „Falkenfels" wird kurz vor dem Stapellauf getauft.*

↑ Im November 1963 wurde dieses Schwergut-Stück auf den Zentimeter genau im Bauch des Schiffes gestaut. Der Stauer musste am Hafen besonders qualifiziert und erfahren sein und sowohl dem Kranführer als auch den Arbeitern genaue Anweisungen geben.

→ Im März 1964 wurde diese fast 50 t schwere Straßenbaumaschine am Schuppen 1 im Europahafen gelöscht. Ihr Ziel war Österreich, sie kam aus den USA und gehörte damals zu den größten Baumaschinen dieser Art.

↑ *Blick in den Europahafen im Mai 1964. Das Schiff auf der gegenüberliegenden Seite legt am Schuppen 1 an. Im Vordergrund werden zwei 7 m lange Turbinengehäuse der Firma J. M. Voith GmbH (Heidenheim) für ein Wasserwerk in Kolumbien verladen. Der Umschlag fand mit dem Schwimmkran ‚Athlet' statt.*

Man könnte es beinahe als ‚Ruhestörung‘ einstufen, dass damals im Mai 1966 ein Schiff aus den USA, die „Fairland“, mit einem neuen Transport- und Verpackungsmaterial an Bord in den Überseehafen einfuhr, dem Container.

Kaum jemand konnte damals ahnen, dass ‚diese Kiste‘ die Logistik-Welt so einschneidend verändern und die gesamte Hafenwirtschaft so nachhaltig auf den Kopf stellen würde.

↑ *Die mit Containern beladene „Fairland" wird in den* **Überseehafen** *geschleppt. Da dieser im hinteren Bereich wesentlich breiter war als der Europahafen, konnten die ersten Containerschiffe dort anlegen. Im Hintergrund kann man die Bockkräne der A.G. »Weser« erkennen.*

Am **5. Mai 1966** legte am Überseehafen beim Schuppen 16 und 18 das erste Containerschiff an. Zwischen den Schuppen wurde eine Freifläche für die Container geschaffen.

Zunächst misstraute man zwar dieser neuen Erfindung. Insgesamt jedoch wurde schnell und flexibel reagiert. Der Neustädter Hafen wurde nun als Containerhafen stärker ausgebaut und genutzt. Auch in Bremerhaven wurden zunehmend Containerterminals gebaut.

Der **Neustädter Hafen** wurde in den 1960er Jahren zunehmend zum Containerhafen ausgebaut: Hinter den Gleisen und Schuppen befanden sich große freie Flächen zum Stapeln der Container. Auch das Becken ist wesentlich breiter als beim Europa- und Überseehafen.

↑ *Am 2. Oktober 1966 wurde die erste Containerbrücke im Neustädter Hafen 4 eröffnet (Sealand). Das Interesse an dieser Innovation scheint beträchtlich.*

↓ *Am Überseehafen liegen die Schiffe Seite an Seite. Am Hafenkopf steht das neue Hafenhochaus, das um 1960 gebaut wurde.*

Während man sich Ende der 1960er Jahre am Neustädter Hafen und in Bremerhaven auf wachsenden Containerverkehr umstellte, änderte sich in den Freihäfen noch nicht allzu viel.

Am Überseehafen zwischen dem Schuppen 13 und dem Speicher XI war bald kein Durchkommen mehr: Neben dem Umschlag auf die Bahn nahmen die LKW-Verkehre deutlich zu.

Dem Investor Klaus Hübotter ist es zu verdanken, dass wir heute in der Überseestadt den historischen **Speicher XI** als Industriedenkmal bewundern können, das erhalten wurde und mit neuem Leben erfüllt ist. Ende der 1990er Jahre stand er einsam da.

↑ Bei diesem Foto vom Überseehafen in den 1960er Jahren kann einem schon ein bisschen weh ums Herz werden: Auch wenn die wirtschaftliche Entwicklung andere und immer wieder neue Wege geht – hier konnte man noch ‚Schiffe gucken'.

1970–1989

II.3 Von Stückgut und Containern

Von Stückgut und Containern

Mit dem Bau der Ro-Ro-Anlage reagierte man auf die Entwicklung des Containers: Ro-Ro gleichbedeutend mit roll-on-roll-off war ein moderneres Be- und Entladesystem.

Die Ware wird in den Schiffbauch rein- und rausgerollt bzw. gefahren. Man wollte in dem schmalen Becken eine Alternative zum Containerumschlag im Bereich Stückgut anbieten.

Durch die Verfüllung wird der Europahafen um ein wesentliches Stück kürzer.

↗ *Der Blick geht westwärts auf das Gelände des Weserbahnhofs, der Muggenburg und des Europahafens im Hintergrund, am unteren Bildrand die Eisenbahnbrücke. Das Kellogg-Gelände, der Muggenburgs-Bunker, Reidemeister & Ulrichs (mit dem Erweiterungsbau) und Eduscho sind zu erkennen und stellen auch heute noch Orientierungspunkte im Kaffee-Quartier und in der Überseestadt dar. (Foto um 1973)*

Der Strukturwandel lässt sich nicht aufhalten: Die Entscheidung für den Bau einer modernen Ro-Ro-Anlage am Kopf des Europahafens ist gefallen.

Aus diesem Grund wird Ende der 1960er Jahre damit begonnen, den **Kopf des Europahafens** mit Sand zu verfüllen, um darauf die Fläche der Ro-Ro-Anlage zu bauen. (Siehe die beiden Fotos vom Bau der Anlage.)

↑ *Auf den beiden Bildern sieht man die Sandverfüllung und man kann erkennen, wie die Gebäude links und rechts am Europahafenkopf, die ursprünglich direkt am Wasser lagen, nun neben und hinter der neuen Anlage ‚verschwinden'.*

↓→ *Blick vom Hafenkopf in die Ro-Ro-Anlage. Im Bild darunter ist rechts der Speicher 1 zu erkennen.*

↑ *Blick stadteinwärts auf den* **Europahafenkopf mit der fertig gestellten Ro-Ro-Anlage**. *Im Vordergrund der Schuppen 2, ganz links der Speicher 1, im Hintergrund Eduscho, links die Nordstraße und das Hansa-Tor. Links im Bild ist hinter dem Speicher 1 die Tabakbörse und das Gelände der Gleiswerkstatt (heute Anbiethalle) zu erkennen, dahinter am Hansator ein Zollzugang zum Überseehafen, sowie an der Nordstraße der Diako-Bunker. (Foto Ende der 1970er Jahre)*

↓ *Blick in den 1970er Jahren aus dem Speicher 1 auf die raumgreifenden* **Gleisanlagen**. *In der Bildmitte das Hafenhausgebäude am Kopf des Überseehafens: Das* **Hafenhochhaus** *überragt die historischen Gebäude, die vor und hinter ihm stehen. Leider wurden die ältesten Gebäude im Zuge der Überseestadtentwicklung abgerissen. Ganz rechts schaut ein kleines Stück vom Speicherhof der Spedition Vollers heraus, dahinter sind einige Häuser aus dem Wiedviertel zu sehen, ganz im Hintergrund rechts der Holz- und Fabrikenhafen. Die Gleise führen an der linken Seite des Überseehafens bis zum Wendebecken sowie auf der rechten Seite am Überseehafen entlang und zum Holz- und Fabrikenhafen. Links – nicht mehr im Bild – wäre der Schuppen 1. (Foto November 1973)*

2.000.000 Kisten: Im Frühjahr 1974 wurde am Europahafen die zweimillionste Kiste mit marokkanischen Südfrüchten über die Anlagen der BLG (Bremer Lagerhaus-Gesellschaft) umgeschlagen. Das Schiff kam mit 50.000 Kisten Orangen im Hafen an. Der ‚Fruchthof Bremen' – heute die Greenyard Fresh Company – war der größte Vermarkter von marokkanischen Zitrusfrüchten in Deutschland.

↑*Verladung von LKW (Foto Februar 1975)*

↑ *Schwergutverladung (Foto März 1977)*

← *Umschlag von Baumwollballen (Foto Juni 1975)*

↑ *Blick in den* **Europahafen** *im Juli 1978. Auf der rechten Hafenseite der Speicher 1 und Schuppen 1, im Vordergrund befinden sich auf dem Wasser – vor dem Schuppen 2 – sogenannte* **‚Bargen'** *(Schiffe ohne Antrieb). Hier haben wir es mit einem veränderten Transportsystem zu tun. Spezialschiffe wurden in den USA entwickelt und gebaut, um die Bargen mit der dazugehörigen Ware zu beladen. Sie kamen in Bremerhaven an; die Bargen wurden hier mit Schleppern nach Bremen gebracht.*

↖ *Gabelstapler und sogenannte Europapaletten führten zu einer erheblichen Effektivierung der Hafenarbeit. (Foto November 1977)*

← *Hier werden Baumwollballen mit Hilfe eines Gabelstaplers umgeschlagen. (Foto Juni 1977)*

↗ *Ein wunderbarer Blick auf den* **Überseehafen** *(links) sowie den* **Holz- und Fabrikenhafen** *in den 1970er Jahren. Links im Hintergrund liegen Schiffe im Neustädter Hafen, rechts der Holz- und Fabrikenhafen mit der Feuerwache am Hafenkopf und in der Bildmitte hinter dem Schuppen 13 am Überseehafen der Speicher XI. Dies sind zentrale Orientierungspunkte, die man heute noch sehen kann, ebenso das Ensemble der beiden Hafenkopfgebäude vom Überseehafen, die heute noch stehen.*

Am **6. Februar 1979 kam es zu einer schweren Mehlstaubexplosion** auf dem Gelände der Roland Mühle am Fabrikenufer des Holzhafens. Ein Kabelbrand löste die enorme Explosion aus. Die Detonation war so stark, das Silos barsten und durch die Druckwelle ein erheblicher Teil des Geländes zerstört wurde. Mehrere Tote und Verletzte waren zu beklagen. Die Roland Mühle wurde wieder vollständig aufgebaut.

Unübersehbar nahm vor allem ab Ende der 1980er Jahre der Schiffsverkehr am Europa- und Überseehafen ab. Die Containerschiffe wurden immer größer, brauchten entsprechenden Tiefgang und so wurden in Bremerhaven die Container-Terminals ausgebaut und der Neustädter Hafen für den Containerumschlag genutzt. Bremen bleibt Hafenstadt (!), aber die alten Hafenanlagen mit ihren schmalen langen Becken bieten für die modernen Entwicklungen nicht mehr genügend Platz.

↑ *Blick auf den Europahafen in den 1980er Jahren: linke Seite Schuppen 1 mit dem Hartmann-Turm, dahinter der Speicher 1*

→ *Containerumschlag im Neustädter Hafen (Foto April 1980)*

HAPAG
LLOYD
HLCU 223 221 2
HAPAG
LLOYD
HAPAG
LLOYD
Hapag Lloyd
4PORT
13 TONS
04
68
68

←↙ *Stapeln von* **Tabakballen** *in einem Schuppen (Fotos Juni 1982)*

Auch wenn Schiffsverkehre im Europa- und Überseehafen langsam nachließen, so ging doch die Lagerung und der Umschlag von Waren weiter.

Der wachsende Containerumschlag sorgte für weitere Veränderungen: Klassisches Stückgut, das nun auch in Containern transportiert wurde, konnte in den 1980er Jahren am Europa- und Überseehafen kaum noch gelöscht werden. Dafür wurde mehr und mehr **Schwergut als Stückgut** verladen.

↑ *Foto Juni 1981 am Überseehafen*

↑ *Blick aus dem Hafenhochhaus auf den* **Überseehafen** *September 1981. Zehn Jahre später (1991) wurde hier, auch wegen maroder Spundwände, der Schiffsverkehr eingestellt.*

Das Verschwinden der Schiffe bedeutete keineswegs ein Ende der Hafenwirtschaft. In Schuppen und Speichern werden weiterhin Waren gelagert, aber sie kommen nicht mehr direkt mit dem Schiff an, sondern werden von Bremerhaven oder dem Neustädter Hafen mit LKW per Containern in das Hafengebiet gebracht.

Die Lagerkapazitäten sind für die Wirtschaft weiterhin von Bedeutung – die Gleise weniger. Der Holz- und Fabrikenhafen ist in seiner Arbeitsstruktur davon nicht betroffen, genauso wenig wie Kellogg und andere Firmen in ihrer Produktion und Logistik beeinträchtigt werden.

↑ *Blick auf den Europahafen in den 1990er Jahren: rechts der Speicher 1, links der Schuppen 1, mittig im Hintergrund das Hafenhochhaus vom Überseehafen. Unübersehbar die leere Wasserseite und die vielen LKWs mit Containern, die stattdessen den Transport übernehmen.*

↓ *Karte: Masterplan 2003*
Blau = Industrie und Gewerbe
Gelb = Gewerbe und Dienstleistung
Rot = Sonderform Wohnen

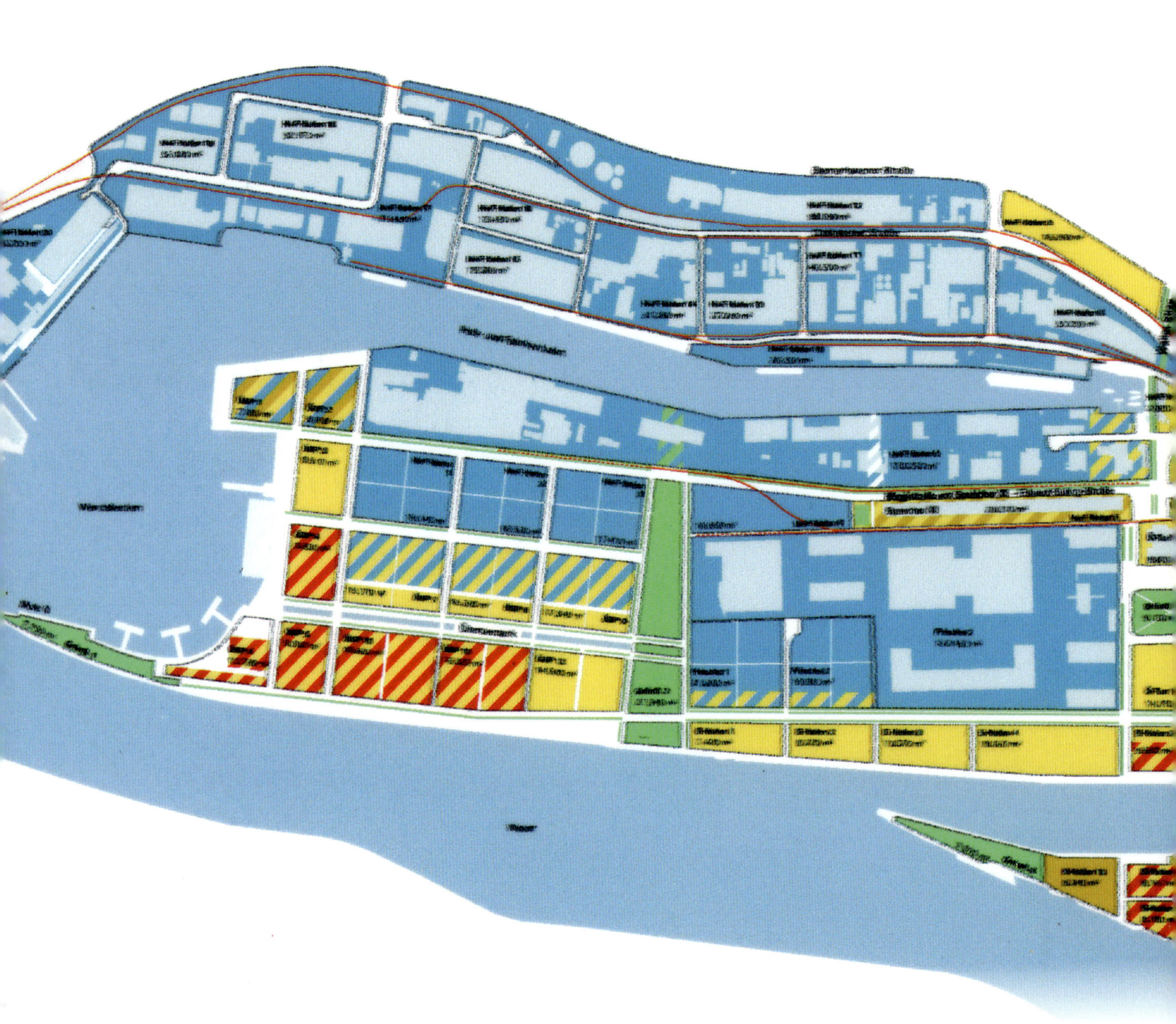

III: VOM HAFEN ZUM MISCHGEBIET DER ZUKUNFT 1990 – 2019

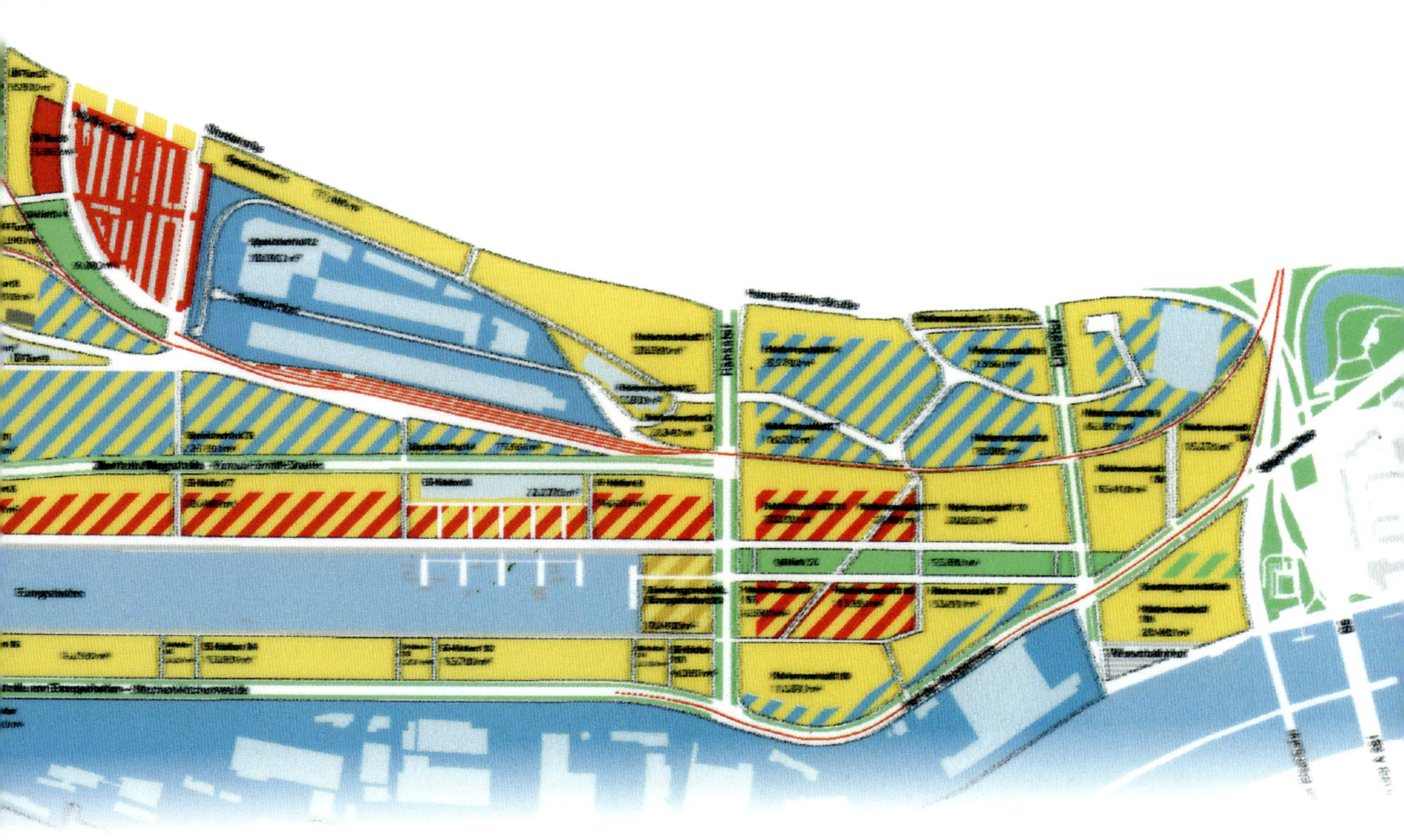

1990–2000

III.1 Kein Schiff wird kommen

Kein Schiff wird kommen

↗ Am Überseehafen, Blickrichtung zum Hafenkopf: links der Schuppen 13, rechte Seite der Schuppen 14 (Foto Mai 1997)

Die Wasserseite des Europahafens und des Überseehafens verlor unübersehbar ihre Funktion, der Umschlag konnte vom Wasser aus kaum noch stattfinden – der Container hat den größten Teil dieses ab 1888 entstandenen Hafengebietes entwertet. Die moderne Containerschifffahrt benötigt andere Tiefgänge, Breiten und Flächen, die es in diesem Gebiet nicht gibt.

↑ *Am Überseehafen: Blickrichtung zum Wendebecken, linke Seite Schuppen 14, gegenüber der Schuppen 13, dahinter der Speicher XI (Foto Mai 1997)*

1998 kam es zu der folgenschweren Entscheidung, den Überseehafen zuzuschütten.

Innerhalb eines halben Jahres wurde der Überseehafen mit Sand verfüllt, der beim Bau eines Containerterminals in Bremerhaven zeitgleich anfiel.

Die Große Koalition im Senat war der Meinung, dass das ehemalige Hafengebiet ein ‚überwiegendes Gewerbegebiet' bleiben soll. Für den Großmarkt, der einer weiteren Aufwertung der Airport-City mit Büroflächen im Weg stand, wurde ein neuer Ort gesucht. Eine Sanierung der maroden Spundwände des alten Überseehafens wäre teuer geworden. So wurde mit dem Zuschütten des Überseehafens entschieden, den Großmarkt auf diese neu gewonnene Fläche zu setzen.

← Foto August 1998

Alle Schuppen mit Ausnahme des Schuppens 17 wurden im Laufe der Jahre abgerissen.

Die ganze Aktion war wohl **der größte stadtentwicklungspolitische Fehler**, der mit Blick auf die Entwicklungsperspektiven der alten Hafengebiete in Bremen gemacht wurde. Heute sind sich StadtplanerInnen und PolitikerInnen einig, dass sich so etwas nicht wiederholen darf.

Auch für den Stadtteil Walle hatte die Verlagerung des Großmarktes in dieses Gebiet problematische Folgen. Die LKW-Verkehre mussten von der Autobahn durch den Stadtteil geschleust werden und der historische Speicher XI verlor sein maritimes Umfeld.

Für die Politik blieb es eine große Herausforderung, das Hafengebiet, das mit seinen **300 ha** drei Mal so groß ist wie die Innenstadt, völlig neu zu planen und zu entwickeln.

Hinzu kamen Bedingungen vor Ort, die es bei möglichen Weichenstellungen zu berücksichtigen galt: Der **Holz- und Fabrikenhafen** ist nach wie vor aktives Industriegebiet und war von den Veränderungen, die der Container mit sich brachte, nicht in gleichem Maße betroffen. Unternehmen wie Kellogg und weitere Betriebe, wie die Rickmers-Reismühle, die Spedition Vollers, die Schellackfabrik Ströver bestanden zu Recht darauf ihren Standort zu behalten. Auf der anderen Seite war es völlig unklar, ob und wie es gelingen kann, Investoren für eine Neuausrichtung und Neugestaltung der Brachflächen zu gewinnen.

Vor diesem Hintergrund entwickelte die Stadt den ersten **,Masterplan'** für dieses Gebiet, das mit der Aufhebung der Zollschranken nun den Namen **,Überseestadt'** erhielt.

Bei dem Masterplan von 2003 – siehe die Karte Seite 160/61 – ging es infolge der Großmarktansiedlung um eine Erweiterung der Gewerbeflächen und um eine Neuzuordnung von Flächen in Abhängigkeit zu vorhandenen Industrie- und Gewerbebetrieben. Zudem waren Areale für Büroflächen und 'Wohnen als Sonderform' vorgesehen.

Wo aber nur wenig Menschen wohnen, können sich urbane Milieus kaum entwickeln. Erschwerend hinzu kamen Auflagen bei Neubauten, wie beispielsweise Abstand zur Industrie, Lärm- und Emissionsschutz u.v.m.

Der Senat beauftragte die für die Stärkung des Wirtschaftsstandorts zuständige Bremer Investitions-Gesellschaft (BIG), heute Wirtschaftsförderung Bremen (WfB), mit der Vermarktung der Flächen. Die wirtschaftliche Entwicklung wurde somit als Hauptlenkungsaufgabe für dieses Gebiet bestimmt, was im Masterplan sehr deutlich zum Ausdruck kommt.

↓ *Blick auf die Fläche des verfüllten Überseehafens: Der Schuppen 14 linke Seite ist verschwunden, vor dem Speicher XI (rechte Seite) sind die Reste des Schuppen 13 noch zu erkennen. (Foto März 2000)*

2001–2018

III.2 Die Überseestadt entsteht

Die Überseestadt entsteht

Mit dem Bau des Großmarktes wurde nach 2000 zügig begonnen. Die Stadt / WfB ist zuständig für die Infrastruktur, für den Straßenbau und den Zuschnitt von Grundstücken für den Verkauf. Die Zufahrt für den zukünftigen Großmarkt prägte stark das Planungsgebiet: Über die Hanse Straße und das Hansator sollten die LKW-Verkehre in Richtung Großmarkt rollen. Am Hafenkopf des Europahafens wurde die Lagerhalle (früher Ro-Ro) für den Straßenbau entfernt. Immerhin wurde der Waller Ring in diesem Zusammenhang zurückgebaut und aus dem LKW-Führungsnetz genommen. Das kleine Heimatviertel erhielt einen zusätzlichen Lärmschutz mit einem Damm, allerdings mit einer Verbindung Richtung Speicher XI. Die Straße ‚Überseetor' wurde neu angelegt mit einer Verbindung zur Nordstraße direkt gegenüber der Grundschule. Aufgrund massiven Protestes der Waller Bevölkerung und des Beirats wurde die Straße für LKW-Verkehre nicht zugelassen und quert (bisher – 2019) auch nicht die Straßenbahngleise.

Zeitgleich zeigte der Investor **Klaus Hübotter** Interesse am **Speicher XI**, einem Industriedenkmal, das zu dieser Zeit schon fast leer stand. Ein Glücksfall für Walle und die Stadt!

Nach aufwändiger Asbest-Sanierung und weitgehendem Umbau (insbesondere viele neue Fenster auf der Rückseite) zieht die **Hochschule für Künste** in den hinteren Teil des Speichers ein. Damit entwickelte sich ein zentraler Ort mit und um den Speicher XI. Er ist fußläufig von der Nordstraße über den neu gebauten Waller Stieg, vorbei am Kopf des Holz- und Fabrikenhafens, gut zu erreichen.

Im Februar 2004 eröffnete das **Hafenmuseum Speicher XI**, eine ebenfalls vom Investor Hübotter ins Leben gerufene kulturelle Einrichtung, ein besonderes Museum an diesem historischen Ort.

↑← **Ausflug in die Brache:** *Fotos Juni 2004 – Bild oben: Blick auf das heutige 'Kaffee-Quartier ' ungefähr Höhe Wesertower, im Hintergrund Turm der Stephani-Kirche, Bild links: Blick vom Wendebecken auf das Gelände des ehemaligen Überseehafens in Richtung Hafenkopf, links die Hafenmauer und Container beim Schuppen 17.*

Das historische Gebäude der alten **Feuerwache** wurde von der Gruppe für Gestaltung (GfG) übernommen und um 2005 aufwändig saniert. Am Kopf des Holz- und Fabrikenhafens konnte mit der Feuerwache und den angrenzenden ehemaligen Bachmann-Speichern sowie dem fußläufig verbundenen Speicher XI ein wunderschönes Ensemble historischer Industriearchitektur erhalten werden.

In der Feuerwache befinden sich Büros, in der ehemaligen Wagenhalle ein Restaurant.

↓ *Foto mit Gerüst 2005*

→ *Europahafen um 2005 mit Speicher 1 und Schuppen 1*

Es brauchte **mutige Investoren**, die zu dieser Zeit, in der das gesamte Gelände einer riesigen Brache glich, historische Gebäude kauften, sie sanierten und neuen Zwecken zuführten. Nachdem Klaus Hübotter mit dem Speicher XI den ersten Schritt gemacht hatte, folgte die Grosse Entwicklungsgesellschaft (Paul & Linnemann) mit dem **Speicher I am Europahafen**. Damit engagierten sich sehr früh Investoren, die einen Blick für historische Hafenarchitektur mitbrachten.

Der Speicher I wurde mit Büroflächen entwickelt, damals noch zu recht erschwinglichen Mietpreisen. Die Resonanz war so groß, dass zusätzliche Bürogebäude folgten und die Wasserkante ins Zentrum rückte.

↑ *Hafenkopf Europahafen (Foto April 2005)*

↗ *Die beiden Luftbilder aus dem Jahr 2007 verdeutlichen den Stand der Entwicklung.*

Überall wo vorher große Gleisanlagen waren, entstanden freie Areale, die auf neue Impulse warteten. Die Natur holte sich in dieser Zeit Flächen zurück – von der **Möwenkolonie** in Richtung Wendebecken bis zu den besonderen **Wildblumen** auf dem sandigen Boden. Der Großmarkt selbst zog kein zusätzliches Gewerbe an, und die Stadt rang mit den ansässigen Industriebetrieben um die Ausrichtung zukünftiger Entwicklungen.

Die ersten Porthäuser entstanden direkt am Europahafen vor dem Speicher I. Auch der **Schuppen 2** wurde von der Grosse Entwicklungsgesellschaft saniert. Im Vordergrund sieht man das Kellogg-Gelände und die Halbinsel. Das zur Innenstadt gelegene 'Kaffee-Quartier ' harrte noch seiner Zukunftsplanung.

Neben den bisherigen ‚Entwicklungsinseln' a) rund um den Speicher XI und den ehemaligen Überseehafen sowie b) rund um den Europahafen kam c) mit dem **Bau des Weser Towers** als erstem Hochhaus in der Überseestadt ein weiteres ‚Zentrum' in den Blick.

Stadtnah und als Bürostandort geeignet, entstand das **Kaffee-Quartier** , vorrangig auf Flächen, die Eduscho aufgekauft hatte, so dass in diesem die Eigentümer Eduscho/Siedentopf maßgeblich an der Entwicklung beteiligt sind.

Der vom Stararchitekten Helmut Jahn entworfene Weser Tower sollte nicht höher als die Domspitzen werden, was in einer Stadt wie Bremen, in der das traditionelle zwei- bis dreigeschossige Bremer Haus dominiert, heiß diskutiert wurde. Letztlich wurde der Weser Tower zum Eingangstor und Fingerzeig für die Überseestadt.

Die Firmengruppe EWE zog komplett in den Tower, inzwischen sind auch Start-up-Unternehmen im Kaffee-Quartier zu Hause.

Der ‚Hilde-Adolf-Park' wurde als Grünzug, der das Kaffee-Quartier mit dem Europahafen verbindet, angelegt. Er wartet noch auf wirkliches Grün.

↓ *Aufnahme 2012*

Um 2010 folgte das zweite Hochhaus in der Überseestadt, der **Landmark Tower**: Die Bebauung der Wasserkante des Europahafens wurde fortgesetzt. Während auf der einen Seite in Wasserlage hochwertige Eigentums- und Mietwohnungen entstanden, nisteten auf der anderen Seite am Weserufer in Richtung Wendebecken noch die Sturmmöven.

→ **‚Hafenkante'** *2019*

↘ *Am Weserufer (Foto 2008), Blickrichtung Wendebecken*

Aus heutiger Sicht – Frühjahr 2019 – entwickelte sich die Überseestadt in ihren verschiedenen Quartieren rasant. Mehrere Gründe kann es dafür geben: Die Stadt brauchte neue Büroflächen in attraktiver Umgebung. Insbesondere Startup-Unternehmen und die in in Bremen wachsende Kreativwirtschaft im Medien-, Grafik- und IT-Bereich fühlen sich in diesem immer noch vom Hafen geprägten Mischgebiet wohl. So ist die Überseestadt heute ein zentral wachsender Bürostandort.

Im Jahr 2015 kommen viele Geflüchtete in Bremen an. Freie Flächen und Gebäude werden auch in der Überseestadt für Erstquartiere und für Übergangswohnheime schnell genutzt. Soziales Engagement kommt in der Überseestadt an.

← *‚Die Hafenkante' – Promenade an der Weser, Blickrichtung Landmark Tower (Foto 2019)*

↙ *Die Planungen für die* **‚Hafenkante'** *werden aufgenommen (Foto 2012)*

Die Wohnungsnot ist auch in Bremen groß, der Druck, freie Flächen als Neubaugebiete auszuweisen, steigt. Vor dem Hintergrund der im Senat beschlossenen Wohnraumförderung engagiert sich nun auch die Gewoba in der Überseestadt und es folgen private Investoren, die Wohnkomplexe errichten, wobei ein beachtlicher Teil der Wohnungen öffentlich gefördert wird. Die schon beinahe als ‚Luxusquartier' geltende Überseestadt erhält so Impulse, die im Sinne einer besseren sozialen Durchmischung der zukünftigen Bevölkerung wirken.

In einer Stadt mit den von vielen Treppen geprägten ‚Bremer Häusern' und einer zunehmend älter werdenden Bevölkerung steigt der Bedarf an barrierefreien Wohnungen – auch die gibt es in der Überseestadt. Tatsächlich verändert sich damit der Masterplan mehr in Richtung Wohnungsbau.

Aber: die Überseestadt ist nach wie vor kein reines Stadt- und Wohnquartier. Sie ist ein **Mischgebiet** aus Wohnen, Dienstleistungsgewerbe, Gewerbebetrieben und Industrie. Im Folgenden wird noch einmal ein Blick auf diesen gewerblichen Bereich geworfen, damit er bei der Wahrnehmung und Beurteilung der Überseestadt nicht zu kurz kommt.

Blick auf die Hafenwirtschaft: Der Container hat den Umschlag von Waren revolutioniert und Teile der Hafenwirtschaft auf den Kopf gestellt.

Während es am Übersee- und Europahafenbecken ruhig wurde und sich die ‚Überseestadt' als moderner Gewerbe- und Wohnstandort neu entwickelt, ging der Betrieb im Holz- und Fabrikenhafen, bei den großen Speditionen, am Neustädter Hafen und in den Industriehäfen weiter. Bremerhaven bleibt hier unberücksichtigt, aber ist natürlich **der** Bremer Hafen heute. Ein Teil des Stückgutumschlags, der Umschlag von Schüttgut (bulk) und die verarbeitende Industrie können mit dem Strukturwandel mithalten.

↑ *Die große grüne Tafel an der Front der Roland Mühle ist kaum zu übersehen: Die Firmen am Holz- und Fabrikenhafen sowie die des Neustädter Hafens haben sich zu einer Interessengemeinschaft zusammen geschlossen (***Initiative Stadtbremische Häfen, ISH***), um sich bei der Entwicklung der Überseestadt besser einbringen zu können. (Aufnahme 2018)*

Der Holz- und Fabrikenhafen ist ein intaktes, zukunftsfähiges Industrie- und Gewerbegebiet. Am Fabrikenufer verarbeitet die **Roland Mühle** ca. 350 000 Tonnen Getreide zu Mehlprodukten für Industrie und Handwerk.

J. Müller aus Brake (Seehafenterminals an der Unterweser) ist führend in der Fischmehlproduktion, aber auch stark im Kaffeegeschäft und seit 1953 auf dem Gelände der früheren Besigheimer Ölfabriken ansässig. Zudem übernahm das Unternehmen vor kurzem die Getreideverkehrsanlage am Wendebecken.

Die Holzhafenseite am linken Ufer ist geprägt von **Steinbrügge & Berninghausen**. Seit mehr als 100 Jahren wird hier Holz verarbeitet, mit einer eigenen Hafenanlage für die Schiffe, die vorwiegend aus Skandinavien oder dem Baltikum das Holz bringen. Mit der Firmentochter Karibu wurde groß in das Geschäft von kleinen Häusern eingestiegen: Gartenhäuser und Saunen sind gefragt.

↑ Am Hansa-Kai werden bei J. Müller Container verladen, im Hintergrund ist auf der Holzhafenseite das Familienunternehmen Steinbrügge & Berninghausen zu sehen.

Die **Industriehäfen** sind ebenfalls ein intaktes Industrie- und Hafengebiet, nicht weit entfernt von der Überseestadt. Sie punkten mit Schüttgut und moderner Logistik: Sechs Hafenbecken, ca 2.000 Schiffen pro Jahr aus Übersee und rund 3.000 Beschäftigten.

← Blick vom Waller Fernsehturm Richtung Industriehäfen

↓ Die Industriehäfen

Gleich gegenüber liegt der **Neustädter Hafen**, der eng verbunden ist mit der Geschichte des Europa- und Überseehafens. An der Hafenkante der Überseestadt kann man ihn auf der anderen Weserseite sehen.

Dieser Hafen gehört zu den größten Terminals Europas für Stück- und Schwergut. Stahl- und Forstprodukte aber auch Windenergieanlagen und Schwergüter mit enormen Gewicht werden hier umgeschlagen.

↓ *Der ca. 100 ha große Neustädter Hafen – im Hintergrund die Industriehäfen, rechts das Wendebecken (Foto Mai 2018)*

2018 – 2019

III.3 Rundgang durch die Überseestadt

Rundgang durch die Überseestadt

↙ *Blick auf die heutige Überseestadt im August 2018. Im Vordergrund das ‚Kaffee-Quartier ‘ mit dem Weser Tower, dem ehemaligen Eduscho-Gelände und weiter links die ‚Muggenburg', dahinter die ‚Überseeinsel' – das ehemalige Kellogg-Gelände. Weiter hinten der Europahafen, im Hintergrund der Holz- und Fabrikenhafen, das Wendebecken und ganz links oben der Neustädter Hafen.*

Bei diesem Rundgang wird versucht das Augenmerk auch auf historische Gebäude zu lenken, die mit der Geschichte des Hafengebietes verbunden sind. Gleichzeitig wird auf neue Bauprojekte eingegangen, ohne Anspruch auf Vollständigkeit. Vom **‚Kaffee-Quartier ‘** (1) und der ‚Überseeinsel‘ geht es auf einem Abstecher zum **Baumstraßenquartier/ Hansator** (2), dann zurück zum **Europahafenquartier** (3), von dort aus Richtung **Überseetor und Holz- und Fabrikenhafen** (4) und abschließend zur **Hafenkante** (5).

1. Das Kaffee-Quartier

Mit dem Weser Tower, dem GOP-Varietétheater, dem Steigenberger Hotel und imposanten Bürogebäuden beginnt die Überseestadt direkt hinter der Eisenbahnbrücke in unmittelbarer Nähe zur Innenstadt.

Das prägende Wirken von **‚Eduscho'** führte zur Bezeichnung Kaffee-Quartier . Immerhin wurde hier noch bis 1997/98 Kaffee geröstet. Das ehemalige Eduscho-Gelände ist heute ein von vielen Firmen und Einrichtungen genutzter moderner Bürostandort. Das ‚rote Gebäude' beherbergte früher die Rösterei.

Das **Zollamt** am früheren Zoll-Durchgang zum Europahafen wurde in den 1950er Jahren gebaut. Es wurde saniert und als Hostel genutzt.

→ Verwaistes Hafengebiet um 2004 – im Hintergrund noch die Halle der Ro-Ro-Anlage kurz vor ihrem Abriss

Das vom Architekten Schröck 1954 entworfene **Gebäude des Hafenbetriebsvereins** (HBV) steht heute noch etwas versteckt auf dem ehemaligen Eduscho-Gelände.

‚Bömers Spitze', genannt nach Heinrich Bömers, dem Eigentümer der früheren Weinhandlung, ist ein weiteres großes Bürohaus, das im Kaffee-Quartier entsteht.

Heinrich Bömers (1867–1932) wurde Weinkaufmann (später auch Senator), übernahm schon mit 23 Jahren die Weinhandlung Reidemeister & Ulrichs und entwickelte sie zu einem der führenden deutschen Weinimporthäuser. Sein Portrait hängt noch im Eingangsbereich der früheren Weinhandlung, die direkt hinter dem Neubau auf der Muggenburg liegt.

Das Gebäude der **Weinhandlung ‚Reidemeister & Ulrichs'** wurde um 1951 auf der Muggenburg 7 gebaut. Sie ist ein Schmuckstück moderner Hafenarchitektur und wurde unter Denkmalschutz gestellt. Heute befinden sich hier 12.000 m² Bürofläche.

1962 wurde das Gebäude mit einem Anbau vergrößert.

Das spitz zulaufende wesentlich größere Grundstück gehörte mit zu der Weinhandlung und wurde von der Justus Grosse Entwicklungsgesellschaft neu bebaut.

Die **Schellackfabrik Stroever & Co KG** gleich neben der früheren Weinhandlung Reidemeister & Ulrichs gehört zu den ältesten Industrieunternehmen in der Überseestadt und ist die einzige Schellackfabrik Europas.

Der **Muggenburg Bunker** erinnert noch an das kleine Wohnquartier Muggenburg, das im 2. Weltkrieg völlig zerstört und nicht wieder aufgebaut wurde. Der Bunker wurde verkauft, saniert und im oberen Bereich baulich verändert.

Ein paar Schritte weiter, hinter der Schellackfabrik und dem Bunker lag etwas versteckt im Grünen ein kleiner vietnamesischer Mittagstisch, der sehr empfohlen wird. Erfreulicherweise fällt dieses Angebot mit den neuen Entwicklungen nicht einfach weg: die vietnamesiche Küche ist gegenüber auf das Kellogg-Gelände gezogen.

Das neueste Entwicklungsgebiet heißt **‚Überseeinsel'**, auch wenn nur ein Teil der Gesamtfläche eine direkte Halbinsellage zwischen Europahafen und Weser bildet. Das Areal erstreckt sich weiter auf die Muggenburg beim Kaffee-Quartier direkt an der Weser entlang.

Im ersten Masterplan von 2003 war dieser Bereich noch fest in industrieller Hand. Heute hat Kellogg seinen Bremer Standort verlassen. Das Vorkaufsrecht hatte die dort ansässige Windenergiefirma WPD Meier. In enger Zusammenarbeit und Abstimmung mit der Stadt soll hier das aktuell größte neue Stadtentwicklungsprojekt innerhalb der Überseestadt realisiert werden.

Hier soll ein 40 ha großes Gebiet in bester Lage von Anfang an mit entwickelter Infrastruktur und möglichst klimaneutral aus einem Guss entstehen, von Grünflächen, unterschiedlichem Gewerbe- und Wohnungsbau bis hin zu einer Schule, eine große Chance!

Drei Architekturbüros – allen voran das Berliner Büro SMAQ für Städtebau und Architektur, für das Gesamtkonzept aber auch Cobe Architects aus Kopenhagen und das Bremer Architektenteam OMP – sind an den Planungen beteiligt.

↗ Aufnahme vom Kellogg Gelände Frühjahr 2019

↓ ein Zukunftsentwurf – ungefähr gleicher Blickwinkel

Kellogg hatte im Laufe der Zeit einen Hauptteil des ehemaligen Weserbahnhof Geländes aufgekauft. Damit reichen die Flächen für eine neue Entwicklung ungefähr bis hinter den Muggenburg-Bunker.

↓ *Vorderansicht des neuen Großprojekts (Entwurfszeichnung).*

Auf der Stephanikirchenweide, fast an der Spitze der Überseeinsel, hat die traditionsreiche **Rickmers Reismühle** ihren Sitz. Früher einmal Bestandteil von Kellogg ist der Betrieb seit 1988 wieder selbstständig.

Gleich nebenan hatte 2016 die **‚Gemüsewerft'** der Gesellschaft für integrative Beschäftigung mbH Bremen (G.i.B.) Flächen für urbane Landwirtschaft erhalten. In Gröpelingen existiert eine weitere ‚Gemüsewerft'. In den Projekten geht es um urbanes Gärtnern, um Selbstversorgung und um Erzeugnisse in Bioqualität für Bremer Gastronomen.

Die **‚Gemüsewerft'** erhält auf dem Kellogg Gelände weitere 2.000 m² zur Bewirtschaftung mit einer hoffentlich langfristigen Perspektive. Hier soll der Straßenbahnwaggon mit neuem Leben gefüllt werden – soziale und ökologische Projekte braucht es mehr in der Überseestadt!

← *Aufnahme September 2018*

↓ *Aufnahme Mai 2019*

2. Abstecher Baumstraße und Hansator

Bevor es zum Europahafen geht, wird ein Abstecher ‚an den Rand' gemacht. Zwischen Kaffee-Quartier und Europahafen liegt zur Nordstraße hin ein eher vergessenes kleines Gewerbegebiet, das gefühlt eigentlich nicht zur Überseestadt gehört, genauso wie das Umfeld des Hansators.

Es gibt kaum Erinnerungsorte, die erahnen lassen, dass hier einmal ein Wohngebiet in Altstadt- und Hafennähe existierte.

← Baumstraße / Ecke Walfischgang. Links in den 1930er Jahren, unten eine Aufnahme von 2019.

Der **Diako-Bunker** an der Nordstraße, hier von der Baumstraße aus gesehen mit dem früheren Gebäude des Hauptzollamts, überragt alles.

Anlässlich des Kirchentags in Bremen 2009 erhielt er seine eindrucksvolle Bemalung, die schon seine zukünftige Nutzung als soziokulturelles Zentrum durch den Verein Zuckerwerk und Zucker vorwegzunehmen scheint.

Der portugiesische Künstler Victor Ash nannte sein Werk „Look at me – Look at you".

← *Baumstraße 2019*

Von der Baumstraße aus geht man auf die Hansestraße und das Hansator zu und blickt auf das historisch interessante Gebäude der **Tabakbörse**, rechts davon hat die Firma Stadler neu gebaut und sich von der Dachkonstruktion der Tabakbörse inspirieren lassen.

↑ *Blick auf die riesigen Speicher 2 und 3 der Spedition Vollers, im Vordergrund Gleisanlagen, die auch zum Holz- und Fabrikenhafen führen.*

Die **Spedition Vollers (Group GmbH)** ist eine der größten Speditionen in der Überseestadt mit ca. 150.000 m² Lagerflächen. Gegründet 1932 von Berthold Vollers als Küperei und Lagerei ist sie heute international tätig und weiterhin familiengeführt. Nach dem 2. Weltkrieg wurde neu aufgebaut. Das Logistik-Unternehmen, das mit 11 Standorten in West-, Mittel- und Osteuropa breit aufgestellt ist, ist schwerpunktmäßig mit dem Umschlag, der Lagerung und der Verarbeitung von Kaffee, Kakao und Tee beschäftigt, die Palette der Güter und Produkte ist aber insgesamt weit größer.

Geht man von der Tabakbörse (Hafenstraße) aus ganz links den Hügel hoch, landet man bei der beliebten **‚Anbiethalle'**, die sich früher in der Nähe des Europahafens befand und nun bei der ehemaligen Gleiswerkstatt angesiedelt ist. »Anbiet« leitet sich her aus dem Plattdeutschen und bedeutet »Anbeißen«.

Am Hansator war die zweite **Zolleinfahrt zum Überseehafen**. Das alte Zollamt Gebäude (Foto unten, rechts) aus den 1950er Jahren ging als Zwischennutzung an den Verein Musikszene Bremen e.V. Etliche Bremer Bands haben hier ihre Probenräume. Jedes Jahr wird im Sommer erfolgreich das open air Überseefestival veranstaltet.

Von dieser Stelle aus geht es zurück zum Europahafen.

3. Rund um den Europahafen

Der Europahafen ist das maritime Zentrum in der heutigen Überseestadt: Mit umgenutzten und sanierten historischen Hafengebäuden auf beiden Seiten kann er durchaus punkten. Mit dem ‚Überseetörn' hat sich ein Sommerfest etabliert, das hoffentlich auch in Zukunft diese maritime Meile belebt.

Mit der Unternehmensgruppe Zech Group entsteht am Europahafenkopf auf einer Gesamtfläche von ca. 83.000 m^2 ein großes Bauprojekt. Mit ca. 340 Wohnungen, Büroflächen, Gastronomie und einer öffentlichen Meile wird das Zentrum am Europahafen wesentlich gestärkt und baulich verdichtet werden (siehe die folgenden Entwurfszeichnungen).

↑ Europahafen 2018

→ Überseetörn-Fest

←↓Blick auf die Flaniermeile am Hafenkopf. Wohltuend sind die schrägen Dächer und eine grüne aufgelockerte Freiraumplanung mit Innenhöfen, einschließlich einer grünen ‚Durchgangshalle'.

Der **Schuppen 1/Schuppen Eins** wurde unter Denkmalschutz gestellt und von den Investoren Lüder Kastens und Klaus Hornung, die sich den Schuppen teilen, aufwendig saniert. Er gehört neben dem Speicher XI mit zu den bedeutendsten historischen Hafengebäuden in der Überseestadt. Im vorderen Teil (von der Innenstadt aus gesehen) befindet sich das beliebte Lokal ‚El Mundo'.

Im hinteren Teil, der auch als eine Hommage an das Automobil interpretiert werden kann, wurden im Obergeschoss 24 Wohnungen zum Wasser gebaut. Das Dach wurde geöffnet, so dass eine Straße entstanden ist. Mit dem historischen Aufzug können die Autos nach oben gebracht werden, wo es auch Garagen direkt neben den Wohnungen gibt. Auf der gegenüberliegenden Seite sind im Obergeschoss Büroflächen entstanden, die komplett von der Neusta-AG, einem großen IT-Unternehmen, genutzt werden, ebenso weitere Flächen im Schuppen Eins.

← Etwas ganz besonderes ist die offene Halle im Erdgeschoss, nicht nur für Fans von Oldtimern. Man kann die 9 Meter hohen Sockel des Speichers bewundern, seine Architektur nachvollziehen und bekommt einen Eindruck, in welchen Dimensionen er um 1959 gebaut wurde.

Schuppen 3 / Überseetor: Der Ausschnitt auf diesem Luftbild vom August 2018 zeigt die Neubauten zwischen dem Kopf des früheren Überseehafens und dem Großmarktgelände. Ganz im Vordergrund ist der Beckenrand des Europahafens zu sehen und die große Baustelle beim teilweise abgerissenen Schuppen 3. Auf der linken Seite ist, hinter dem Großmarkt der Speicher XI und ein Teil des Holz-und Fabrikenhafens zu erkennen, in der Mitte hinten das ‚rote Containerdorf', eine gut funktionierende Flüchtlingsunterkunft an der Nordstraße. Auf diesem Gelände wird bald die neue Berufsschule für Außenhandel und Verkehr gebaut.

↑ Frühe Entwurfszeichnung aus dem Jahr 2018 von dem zukünftigen Bauprojekt.

↑ Foto Anfang 2018

Direkt neben dem Schuppen 1 lag am Europahafen der flache **Schuppen 3** mit seinen gut 22.000 m². Nach längeren Planungsphasen hatte der Investor Ingo Damaschke (Asset Firmengruppe) die Flächen gekauft. Inzwischen hat die Gustav-Zech Stiftung gemeinsam mit der Justus Grosse Entwicklungsgesellschaft das Immobilienprojekt übernommen. Hier entsteht in zentraler Lage, auch zum Stadtteil Walle, ein größeres Wohngebiet mit Wohnungen am Wasser, mit gefördertem Wohnungsbau in der 2. Reihe, mit Büroflächen und einer KITA. Ein Gebäude soll im Stil an den früheren Schuppen erinnern. Zu dem ehrgeizigen Projekt gehören auch Wegeverbindungen, die direkt an den Europahafen führen.

4. Rund um das Überseehafen-Quartier

Vom Schuppen-3-Gelände kommt man zu Fuß bei der Straße am Überseetor zum ehemaligen Kopf des Überseehafens. Es lohnt sich bei der Grünanlage auf den Hügel zu steigen. Inzwischen hat hier die Wohnbebauung enorm zugenommen, vom geförderten Wohnungsbau bis hin zur Eigentumswohnung.

Von dort aus sind es nur ein paar Schritte zum Speicher XI.

Er ist das kulturelle Zentrum in diesem Teil der Überseestadt – der historische **Speicher XI**. Das Hafenmuseum, das Zentrum für Baukultur und die Hochschule für Künste sind hier zu Hause.

Im Hafenmuseum Speicher XI kann man das Infocenter der Überseestadt besuchen und die Geschichte und Planungen zur Überseestadt nachvollziehen.

Rund um den Speicher XI haben sich im Laufe der Zeit noch weitere kulturelle Einrichtungen angesiedelt.

Die Speichermärkte, organisiert vom Großmarkt, ziehen jedes Jahr Tausende BesucherInnen in die Überseestadt.

Gegenüber dem Speicher XI befindet sich als weiteres historisches Gebäude die **Energieleitzentrale**, ein beliebter Veranstaltungsort mit einem großen Saal.

Der ‚HafenRummel' ist ebenfalls in das Gebäude eingezogen. Baulich integriert ist die Energieleitzentrale in das BLG-Forum mit der früheren Staplerhalle und weiteren Büroflächen.

In unmittelbarer Nachbarschaft, in der **Cuxhavener Straße 7**, ist das HafenRevueTheater mit dem Schwarz-Lichthof eingezogen. Vom unermüdlichen Veranstalter-Team wird jetzt auch ein Indoor-Hostel-Camp angeboten, eine nostalgische Übernachtungsmöglichkeit, der HafenTraum.

Von dort aus ist man gleich am **Holz- und Fabrikenhafen** mit dem historischen Ensemble von Feuerwache, Zollamt und Bachmannspeichern. Mit dem ‚Hafen-Casino' und der ‚Feuerwache' ist man hier gastronomisch gut versorgt und hat abends einen wunderschönen Blick auf den Hafen bei Sonnenuntergang.

Von hieraus sollte man über die Cuxhavener Straße das **Kaffee HAG-Gelände** in Augenschein nehmen, auch wenn neben dem pulsierenden Wirtschaftsleben rundum der größte Teil des Fabrikgeländes noch leer steht. Dies soll sich nach langer Wartezeit nun ändern, denn mit der HAG Gewerbepark GmbH gibt es einen neuen Eigentümer, der den Ort wirtschaftlich wieder beleben und die denkmalgeschützten Gebäude erhalten will.

Es gibt aber schon das **Lloyd-Caffee**, das unbedingt einen Besuch wert ist! Hier kann man nicht nur eine köstliche Tasse Kaffee trinken, auch Kuchen und Süßes gibt es im Angebot und das Rösten ist auf Kaffeeseminaren hautnah zu erleben. Aber das Highlight ist der repräsentative historische Marmorsaal der 1906 von Ludwig Roselius gegründeten Kaffee-Handels-Aktien-Gesellschaft.

↑← *Links ein Teil des Kaffee HAG Gebäudes, oben eine Innenaufnahme des Lloyd-Caffee (Fotos 2018)*

Der **Marmorsaal** sowie das ganze Kaffee HAG Gelände stehen unter Denkmalschutz. Ludwig Roselius ließ diesen repräsentativen Saal 1912 errichten – er wurde als Speisesaal und für Konsultationen genutzt. Vermittelt durch das Lloyd Caffee kann man den Saal besichtigen, auch vom Hafenmuseum Speicher XI werden Führungen angeboten.

Bis Anfang 2019 standen am Ende des Fabrikenufers des Holz- und Fabrikenhafens historische Baumwollschuppen, die **Ulrich Schuppen**, die früher der Firma Ulrich und Bachmann gehörten. Sie waren ursprünglich dreireihig angelegt, die mittlere Reihe existiert nicht mehr, inzwischen auch die erste. Die Schuppen entsprechen nicht mehr dem heutigen Umschlag. Aber sie sind aus anderer Sicht besonders.

Sie bergen eine traurige Erinnerung an die Zeit des Nationalsozialismus. In einem Teil der Schuppen waren während des 2. Weltkriegs Zwangsarbeiter unter unmenschlichen Bedingungen untergebracht. In etlichen Firmen und Industriebetrieben der stadtbremischen Häfen arbeiteten in jener Zeit viele Zwangsarbeiter und Kriegsgefangene. Der Hafenbetriebsverein (HBV), zuständig für die Vermittlung von Arbeitskräften am Hafen, richtete dieses Lager mit ca. 1100 Zwangsarbeitern ein.

↑ *Auf dem Bildausschnitt aus den 1970er Jahren ist die dreireihige Anlage der Schuppen zu sehen.*

↓ *Ausschnitt Luftaufnahme 8/2018 mit Blick auf das Hafenbecken, linke Seite die Ulrich Schuppen, gegenüber rechte Seite Steinbrügge & Berninghausen*

1989 entdeckte man nach Hinweisen eines ehemaligen sowjetischen Zwangsarbeiters in einem der Schuppen alte Wandmalereien französischer Kriegsgefangener. Die Bemalungen, die offenbar offiziell zugelassen wurden, enthalten dennoch Hinweise auf diese furchtbare Zeit. Die 13 Wandgemälde, die gesichert werden konnten, sind im Bremer Staatsarchiv, im Hafenmuseum Speicher XI und beim Landesamt für Denkmalpflege ausgestellt bzw. untergebracht. Ein Bild ging nach Frankreich an die Erinnerungsstätte Memorial pour la paix in Caen.

Die Ulrich Schuppen gehören inzwischen der Firma MÜLLER Weser & Co KG. Beim Abriss der ersten Schuppenreihe (Februar 2019), die einer großen Fläche für den Containerumschlag weichen musste, konnten mit Unterstützung der Firma originale Mauersteine für einen zukünftigen Ideenwettbewerb gesichert und eingelagert werden.

In den stadtbremischen Häfen gibt es jenseits des Bunker Valentin und des Bunker Hornisse kaum Erinnerungsorte an die Zeit des Faschismus. Aus diesem Grund soll ein ‚Denkort' in dem Bereich der ehemaligen Ulrich Schuppen an der Jenaer Straße entstehen.

↖ Wandgemälde (Staatsarchiv Bremen)

← Foto Ende 2018

↙ Foto Anfang 2019

5. Zur Hafenkante

Ein weiteres Zentrum in der Überseestadt entwickelt sich an der Hafenkante. Hier geht es am Europahafen die Wasserkante entlang, wo die ersten lukrativen und hochwertigen Wohnlofts ab 2012 entstanden. Ob diese Architektur der Weisheit letzter Schluss war, darüber lässt sich streiten. Die moderne ‚Loftkultur', quadratisch mit Flachdach, bietet meist wenig kreativen Gestaltungsraum.

Der **Landmark Tower** markiert das Ende des Europahafenbeckens und führt direkt an die Weser. (Foto 2018)

→ Der Überseepark, im Hintergrund die Kulisse des Holz- und Fabrikenhafens

↘ Blick vom Überseepark in die Konsul-Schmidt-Straße

Zwischen Landmark Tower und der ‚Hafenkante' liegt der **Überseepark**, eine öffentliche Grünfläche, die von der Stadt (WFB) in Zusammenarbeit mit dem Sportgarten, mit Waller Jugendlichen und mit Unterstützung durch den Stadtteilbeirat Walle entwickelt wurde. Der Park ist ein Ort, an dem Kinder und Jugendliche nicht nur aus dem Westen sondern aus ganz Bremen Freiflächen, eine Skateranlage, ein Fußballfeld und einen Tanzboden für Sport und Spiel intensiv nutzen.

Dieses Gelände ist einmalig und gelungen. Zur Weser hin könnte der Grünzug allerdings eine höhere Aufenthaltsqualität für die unmittelbaren AnwohnerInnen bekommen, z.B. mit Bänken und mehr Grün.

Zwischen 2012 und 2018 wurde die **‚Hafenkante'** am Wasser fast vollständig in einer Geschwindigkeit bebaut, die so nicht zu erwarten war. Das Wohnen am Wasser direkt an der Weser und stadtnah hat allerdings auch seinen Preis.

Was von Weitem bei der kastenförmigen Architektur kaum zu erkennen ist, sieht vom Nahen vielfältiger aus.

Die Bebauung der Hafenkante schreitet mittlerweile auch in der 2. und 3. Reihe voran.

Ein besonderes Bauprojekt ist das **‚Blauhaus'**. Die Blaue Karawane ist ein Projekt der Psychiatriereform der 1980er Jahre. Sie ist ein inklusives Projekt von und für Menschen mit und ohne Handicap. Sie betreibt Werkstätten und ein Café im Speicher XI und plante schon seit geraumer Zeit ein Wohnprojekt in der Überseestadt: Gemeinsames Wohnen unter einem Dach, Werkstätten und am liebsten noch einen Theater- und Veranstaltungsraum. Als Partner und Träger kam die **GEWOBA** mit ins Boot. Das Wohnprojekt wurde etwas größer als ursprünglich geplant, verbunden mit einer Kindertagesstätte mit 80 Plätzen und geförderten Wohnungen. Es ist ein ganz besonderes Projekt, mit Werkstätten (rechts am Bildrand auf der Entwurfszeichnung zu erkennen), mit einer großen Grünfläche und mit einem freien Platz, auf dem längerfristig ein Theater entstehen könnte. Hier wird soziales und kulturelles Leben entstehen, ein Ort der Kommunikation und Kreativität, den es an der Hafenkante bisher nicht gibt.

← Das Blaue Kamel Wüna in der ‚Wüste' der damaligen Brache (Foto um 2005)

Die **‚Hafenkante'** wurde nach der Kante des ehemaligen Überseehafens benannt, der direkt hinter der neuen Bebauung lag, dort, wo zum Wendebecken hin ein großer Strand entstanden ist, der ‚Waller Sand'. Die Freifläche zwischen der 'Hafenkante' und dem Schuppen 17, der an den Holzhafen angrenzt, lässt noch die Lage des früheren Beckens des Überseehafens erahnen. Am Wendebecken liegt ganz links oben auf der Gröpelinger Seite das Einkaufszentrum Waterfront, daneben die Getreideverkehrsanlage, im Hintergrund ein Teil des Holz- und Fabrikenhafens.

↓ *Luftbild 8/2018*

Mit EU-Mitteln war es möglich, hier eine große Freizeitanlage zu errichten. Schwimmen darf man allerdings nicht. Das Wendebecken ist, wie sein Name schon sagt, weiterhin eine Fahrrinne für Schiffe, die auf dem Weg zum Holzhafen wenden und rückwärts in das schmale Hafenbecken fahren, damit sie leicht und schnell wieder herausfahren können.

Der **‚Waller Sand'** ist ein großer öffentlicher Strand – zum Sonnenbaden, Entspannen und Spielen – und vielleicht kommt auch mal ein Schiff vorbei.

↘ *Blick vom ‚Waller Sand' auf die Getreideverkehrsanlage am Wendebecken auf der Gröpelinger Seite. Ein Schiff für J. Müller legt an, das mit einem großen Saugrüssel entladen wird.*

Der **Molenturm**, das alte Leuchtfeuer an der Einfahrt des Überseehafens, hat seine ursprüngliche Funktion eigentlich verloren, erinnert aber an alte Hafenzeiten. In den 1920er Jahren wurde er einmal von einem Schiff gerammt Er ist weiterhin intakt und leuchtet jede Nacht. Man nennt ihn auch ‚Mäuseturm', wahrscheinlich weil er relativ klein ist. Den Spaziergang zum Molenturm auf der Mole entlang sollte man sich unbedingt vornehmen, weil sich die Aussicht und Fernsicht noch einmal sehr verändert. Vom Molenturm aus auf die andere Seite nach Gröpelingen ist es eigentlich ein Katzensprung. Von Frühjahr bis Herbst verkehrt hier die Fähre, aber längerfristig müsste eine Brücke errichtet werden (die auch mit dem Schiffsverkehr kompatibel ist), damit die beiden Stadtteile Walle und Gröpelingen besser miteinander verbunden werden. So käme man auch zu Fuß oder mit dem Rad schnell zur Waterfront oder umgekehrt zum Waller Sand.

↓ *Blick auf das Ende des Holz- und Fabrikenhafens, das Wendebecken und die Weser, im Hintergrund der Neustädter Hafen. Der hintere Teil der Überseestadt liegt dort wie eine große Insel. (Foto August 2018)*

Die Überseestadt fußt auf dem alten und modernen Hafengebiet, sie ist ein begehrter Büro-, Wohn- und auch Gewerbestandort, ein Mischgebiet, das in den hier beschriebenen fünf ‚Zentren' seine Urbanität noch entwickeln muss. Früher gehörten Arbeiten und Wohnen zusammen. Die Überseestadt ist ein Ortsteil, in dem dies nun als Zukunftsprojekt neu entwickelt werden muss, keine leichte aber eine spannende Aufgabe!

→→ Luftaufnahme vom August 2018, Blickrichtung Innenstadt (Folgeseite)

PIER 2
PIER 2

Bildnachweise

Fotos

S. = Seite | o. = oben | m. = mittig | u. = unten

Bildarchiv | Geschichtskontor Kulturhaus Walle Brodelpott
→ S. 5 m., u., 6 u., 7 o., 9. u., 16, 17u., 18 u., 20, 21, 22, 23, 24, 40, 41 u., 42, 43, 44, 45, 46 m., 47 m., u., 48, 49, 50, 51, 52, 53 u., 57, 58, 59, 62, 63, 64, 65, 66, 67, 70, 71, 73 u.l., 81 u., 83 o., 85, 86, 87 o., 88 u., 89, 108, 111, 115, 118/119, 122, 134 u., 152/153, 154, 159, 168/69

Bremenports | Slg Hafenamt Bremen | Bildarchiv Brodelpott
→ S. 5 o., 6 o., 17 m., 18 o., 19, 25, 27, 28, 29, 30, 31, 32, 33, 34, 38/39, 41 o., 46 u., 47 o., 54/55, 56, 69, 79, 80, 90, 91, 92/93, 94, 95, 96, 100, 101, 141, 136, 213 o., 222 o.

Edition Temmen
→ S. 88 m.| Slg. W. Krysl: S. 84, 99, 123, 124, 125, 126, 127, 128, 129, 130, 131, 142, 145, 146, 147, 148, 149, 155, 156, 157, 158 | H. Wurthmann S. 112, 113

BLG Logistics
→ S. 7 u., 53 o., 106, 110, 114 u., 135, 137, 140, 143, 187

Slg. H. Brockmöller
→ S. 78, 102, 103, 104, 114 o., 121, 132, 133, 134 o., 144, 150/151,

Bremer Tageszeitungen AG | G. Schmidt | Slg. Bildarchiv Brodelpott
→ S. 72, 73 u.r., 105, 107 u., 109,

Staatsarchiv Bremen | K.E.Schmidt
→ S. 73 o., 81, 87 u., 107 o., | 82, 223 o.

Feuerwehr Bremen | Archiv
→ S.26

Polizei Bremen
→ S. 68

Joachim Linnemann | Clemens Paul
(Justus Grosse Projektentwicklung)
→ S. 97

Stroever GmbH & Co. KG
→ S. 98, 198 o.

GHBV Bremen
→ S. 96 o., 120

WfB Bremen
→ W.Kundel S. 179, 180 u.
→ C. Rinke S. 190/91, 214, 222, 228, 232/233, 234/235

Weserport | Rhenus
→ S. 186 u.

Müller WESER
→ S. 184, 185, 230

D. Heinrichs Staueribetrieb GmbH
→ S. 83 u.

Karten und Pläne

bremenports | Hafenamt Bremen
→ S. 12/13, 20, 35, 74/75

Verkehrsverein Bremen | Staatsarchiv Bremen
→ S. Innenumschlag vorne (1938)

WfB Bremen
→ S. 160/161

Überseestadt Marketing Verein e.V.
→ Innenumschlag hinten, plan B Werbeagentur Gm

Aktuelle Farbfotos

Sven Eppler
→ S. 10 u., 186 o.,

Waltraud Scholz
→ S. 164, 165, 166/167, 170/171

Michael Scheer
→ S. 203 u.

Studio B/D. Schmoll
→ S. 236/237

Cecilie Eckler-von Gleich
→ alle übrigen Fotos

Illustrationen

Kellogg Überseeinsel:
WPD - DMAA/Überseeinsel GmbH | Lageplan SMAQ | Überseeinsel GmbH
→ S. 200, 201, 202

Hafenkopf Europahafen:
Zech Firmengruppe – Cobe / Kopenhagen
→ S. 210 o., 211

Bauherrin GEWOBA | Architekten GSP
→ S. 227 u.

EuropaQuartier/Schuppen 3:
EuropaQuartier Bremen Grundbesitz GmbH
→ S. 215

Justus Grosse Projektentwicklung
→ S. 196

Verwendete Literatur

Denkmalpflege in Bremen, Schriftenreihe des Landesamtes für Denkmalpflege, Heft 7 – 2010

Bremens alte Häfen Überseestadt, Nils Aschenbeck, 2007

Jahrbuch der Hafenbautechnischen Gesellschaft – Zwanzigster und einundzwanzigster Band, 1953

Das Große Bremen Lexikon, Herbert Schwarzwälder Bd 1 und 2, Bremen 2003

Die Bremischen Häfen, Deputation für Häfen und Eisenbahnen, Bremen 1922

Broschüre **Siedentopf – Kaffee, Tee, Kakao, Großrösterei und Versand**, 1936

Broschüre **Jute Spinnerei und Weberei, 1888 – 1913**

Wikipedia, **Homepages von Firmen und Betrieben**, **Homepage WfB**

Das Geschichtskontor im Kulturhaus Walle Brodelpott

beherbergt ein umfangreiches Text-, Bild- und Tonarchiv, bearbeitet historische Themen im Kontext von Stadtteilgeschichte und -entwicklung.

Führungen, Vorträge,
das Digitale Heimatmuseum (www.digitales-heimatmuseum)
und das Hafenarchiv (Abteilung Hafengeschichte des Geschichtskontors) im Hafenmuseum Speicher XI gehören zum Programm.
Kontakt: kulturhauswalle.de,
a.piplak@kulturhauswalle.de,
Tel. 3887074

Dank an

alle BildgeberInnen, die das Bildarchiv des Geschichtskontors/Brodelpott unterstützen, an die Wirtschaftsförderung Bremen (WfB) / Frau Bohms, Herrn Abel, das Staatsarchiv Bremen / Herrn Löffler, Bremenports /Slg. Hafenamt Bremen, Herrn Schwerdtfeger, Axel Stiehler (Blaukontor)

Plan WfB | Bremen Marketing, 2019

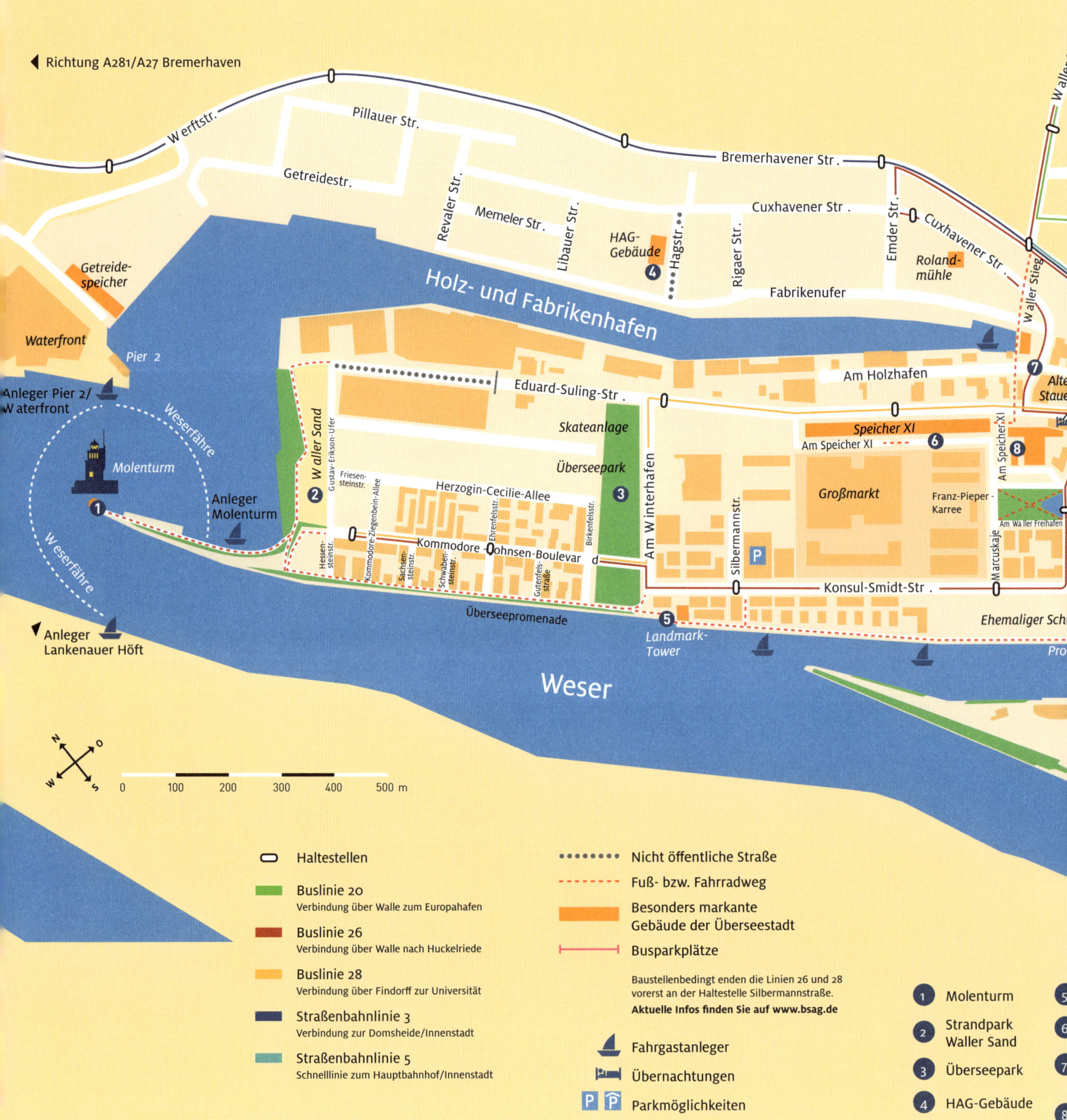